Erfolgreiche Integration

FLÜCHTLINGE UND SONSTIGE SCHUTZBEDÜRFTIGE

Das vorliegende Dokument wird unter der Verantwortung des Generalsekretärs der OECD veröffentlicht. Die darin zum Ausdruck gebrachten Meinungen und Argumente spiegeln nicht zwangsläufig die offizielle Einstellung der OECD-Mitgliedstaaten wider oder die der Europäischen Union wieder.

Dieses Dokument und die darin enthaltenen Karten berühren weder den völkerrechtlichen Status von Territorien noch die Souveränität über Territorien, den Verlauf internationaler Grenzen und Grenzlinien sowie den Namen von Territorien, Städten oder Gebieten.

Bitte zitieren Sie diese Publikation wie folgt:
OECD (2016), *Erfolgreiche Integration: Flüchtlinge und sonstige Schutzbedürftige*, OECD Publishing, Paris.
http://dx.doi.org/10.1787/9789264251632-de

ISBN 978-92-64-25162-5 (Print)
ISBN 978-92-64-25163-2 (PDF)

Die statistischen Daten für Israel wurden von den zuständigen israelischen Stellen bereitgestellt, die für sie verantwortlich zeichnen. Die Verwendung dieser Daten durch die OECD erfolgt unbeschadet des Status der Golanhöhen, von Ost-Jerusalem und der israelischen Siedlungen im Westjordanland gemäß internationalem Recht.

Originaltitel: *Making Integration Work, Refugees and others in need of protection*
Übersetzung durch den Deutschen Übersetzungsdienst der OECD.

Foto(s): Deckblatt © http://www.tagxedo.com ; © Rawpixel.com/Shutterstock.com

Korrigenda zu OECD-Veröffentlichungen sind verfügbar unter:
www.oecd.org/about/publishing/corrigenda.htm.

Vorwort

Dieser Leitfaden ist der erste Band einer neuen OECD-Publikationsreihe zum Thema „Erfolgreiche Integration". Die Reihe fasst die wichtigsten Erkenntnisse aus den Arbeiten der OECD zur Integrationspolitik zusammen, insbesondere aus den Länderstudien der Publikationsreihe *Jobs for Immigrants*. Ziel ist es, in leicht verständlicher, überblicksartiger Form die wichtigsten Herausforderungen und empfehlenswerten politischen Praktiken bei der Förderung der dauerhaften Integration von Zuwanderern und ihren Kindern in den Aufnahmeländern darzustellen.

Dieser erste Leitfaden bietet eine Bestandsaufnahme der Erfahrungen, die in OECD-Ländern bei der Integration von Flüchtlingen und sonstigen Gruppen schutzbedürftiger Personen gesammelt wurden. Er fasst diese Erfahrungen anhand von zehn Politikempfehlungen zusammen, die sich auf Beispiele für empfehlenswerte Praktiken stützen. Er bietet ferner einen umfassenden Vergleich der Politikrahmen, die den Politikstrategien für die Integration von Flüchtlingen und sonstigen schutzbedürftigen Personen in den einzelnen OECD-Ländern zu Grunde liegen. Informationen zu den einzelnen Politikrahmen wurden über einen an alle Länder gesendeten Fragebogen erhoben.

Weitere Leitfäden werden die Bewertung und Anerkennung ausländischer Qualifikationen, die Integration junger Menschen mit Migrationshintergrund, Sprachförderung für erwachsene Migranten und die Integration von Familiennachzüglern behandeln. Die OECD wurde bei der Entwicklung dieser Leitfäden von Deutschland (Bundesministerium für Familie, Senioren, Frauen und Jugend), Norwegen (Ministerium für Kinder, Gleichstellung und soziale Inklusion) und Schweden (Arbeitsministerium) sowie der König-Baudouin-Stiftung in Belgien unterstützt.

Stefano Scarpetta	Jean-Christophe Dumont
Leiter der OECD-Direktion für Beschäftigung, Arbeit und Sozialfragen	Leiter der Abteilung Internationale Migration, Direktion für Beschäftigung, Arbeit und Sozialfragen, OECD

Dank

Dieser Leitfaden wurde von Anne-Sophie Schmidt und Thomas Liebig von der OECD-Abteilung Internationale Migration verfasst. Neben Kommentaren von Jean-Christophe Dumont (OECD), Mark Pearson (OECD) und Stefano Scarpetta (OECD) flossen Beiträge von Karolin Killmeier (OECD) und Thomas Huddleston (Consultant bei der OECD) in den Leitfaden ein. Diese Arbeiten wären nicht möglich gewesen ohne die Unterstützung durch die Mitglieder der OECD-Arbeitsgruppe Migration sowie die auf nationaler Ebene für Asyl- und Integrationspolitik zuständigen Stellen, die bereitwillig Informationen zu nationalen Politikrahmen und Programmen zur Verfügung gestellt haben. Dank gebührt auch Ken Kincaid für die redaktionelle Überarbeitung des Leitfadens.

Inhaltsverzeichnis

Einführung

Warum ist die Integration von Flüchtlingen und sonstigen schutzbedürftigen Personen ein wichtiges Anliegen?

Der OECD-Raum erlebt derzeit eine humanitäre Migration von beispiellosem Ausmaß. In vielen OECD-Ländern wird ein Anstieg der Zahl der humanitären Migranten – einschließlich Resettlement-Flüchtlinge – verzeichnet, wenn auch nicht überall in gleichem Umfang[1]. Am stärksten ist – als Nachbarland Syriens – die Türkei von der gegenwärtigen humanitären Migration in den OECD-Raum betroffen.

Die Integrationssysteme und die Gesellschaft in den Aufnahmestaaten stehen vor bedeutenden Herausforderungen, die über die Bereitstellung von geeignetem Wohnraum hinausgehen, zumal die Erfahrungen aus der Vergangenheit und die desolate Lage in den Hauptherkunftsländern darauf schließen lassen, dass sich viele Migranten dauerhaft in den Aufnahmeländern niederlassen werden. Die Länder müssen den Flüchtlingen und ihren Kindern bei der Eingliederung in den Arbeitsmarkt, in das Bildungssystem und in die Gesellschaft behilflich sein, was jedoch nicht auf Kosten der Unterstützung anderer benachteiligter Gruppen – einschließlich bereits ansässiger Migranten und deren Kinder – geschehen darf. Um diesen Balanceakt erfolgreich zu bewältigen, muss die Bereitstellung von Leistungen wie Unterbringung, psychologische Betreuung, Sprachunterricht und Kompetenzerhebung ebenso wie der Zugang zu Bildung und Gesundheitsversorgung ausgebaut werden. Gleichzeitig müssen die Länder des Öfteren Kompromisse zwischen dem Wünschenswerten und dem Machbaren eingehen.

Dabei muss von vornherein Klarheit darüber herrschen, dass nicht jeder, der eine Anerkennung als humanitärer Migrant beantragt, diesen Status auch tatsächlich erlangt. Integrationsfragen betreffen daher im Wesentlichen nur jene Asylsuchenden, denen der Status als humanitäre Migranten zuerkannt wird (Kasten 1). Einige humanitäre Migranten kommen nicht als Asylsuchende in das Aufnahmeland, sondern werden im Rahmen von Resettlement-Programmen aus Drittstaaten aufgenommen und neuangesiedelt. In denjenigen OECD-Ländern, die als klassische Einwanderungsländer gelten, wie z.B. Australien, Kanada und die Vereinigten Staaten (Kasten 1 und Abb. 1), findet humanitäre Zuwanderung vorrangig über Resettlement statt.

Kasten 1 **Nicht alle sind Flüchtlinge**

In der öffentlichen Debatte werden die Begriffe „Asylbewerber" bzw. „Asylsuchender", „Flüchtling" und „Migrant" oft synonym verwendet. Es ist jedoch wichtig, zwischen diesen Kategorien zu unterscheiden.

„Migrant" ist ein Oberbegriff für alle Personen, die mit der Absicht, dort eine bestimmte Zeit zu bleiben, in ein anderes Land einreisen – d.h. keine Touristen oder Geschäftsreisenden. Er umfasst dauerhafte und temporäre Zuwanderer mit gültigem Aufenthaltstitel oder Visum, Asylbewerber sowie undokumentierte Migranten, die keiner der drei erstgenannten Gruppen angehören.

Die Vereinten Nationen definieren Langzeitmigranten als Personen, die für einen Zeitraum von mindestens einem Jahr (12 Monaten) in ein Land ziehen, bei dem es sich nicht um das Land ihres gewöhnlichen Aufenthalts handelt, so dass das Zielland faktisch zu ihrem neuen Land des gewöhnlichen Aufenthalts wird (Vereinte Nationen, 1998). Die OECD definiert dauerhafte Zuwanderer als Personen, deren Status es ihnen ermöglicht, unter den Gegebenheiten, die zum Zeitpunkt ihrer Einreise herrschten, im Aufnahmeland zu bleiben (Lemaître et al., 2007). Innerhalb dieser Gruppe lassen sich im Wesentlichen vier Kategorien unterscheiden: Langzeitmigranten innerhalb eines Freizügigkeitsraums, Arbeitsmigranten, Familiennachzügler sowie humanitäre Migranten.

Der Begriff „humanitärer Migrant" bezeichnet Personen, die erfolgreich Asyl beantragt haben und denen eine Art von Schutz – Flüchtlingsschutz oder anderweitiger Schutz – zuerkannt wurde. Er umfasst auch Migranten, die im Rahmen humanitärer Resettlement-Programme mit Unterstützung des UNHCR oder über privat finanzierte Aufnahmeprogramme („Private Sponsorship") aufgenommen und neuangesiedelt werden, was in Australien, Kanada und den Vereinigten Staaten häufig der Fall ist. Der Einfachheit halber werden in diesem Leitfaden alle Schutzberechtigten – sei es auf Grund von Flüchtlingsschutz, subsidiärem Schutz oder vorübergehendem Schutz – als humanitäre Migranten betrachtet. „Flüchtling", „besonders schutzbedürftige Person" und „humanitärer Migrant" werden in diesem Leitfaden synonym gebraucht.

„Asylbewerber" bzw. „Asylsuchende" sind Personen, die einen Asylantrag gestellt haben, über den jedoch noch nicht entschieden wurde. In der Praxis wird nur einer Minderheit der Asylbewerber der Flüchtlingsstatus oder ein anderweitiger Status als humanitärer Migrant zuerkannt, während der Rest das Land verlassen muss. Personen, die im Aufnahmeland bleiben, nachdem ihnen die Anerkennung als humanitäre Migranten verweigert wurde, werden zu undokumentierten Migranten.

Darüber hinaus gibt es viele Migranten, die keinen Asylantrag stellen, entweder weil sie das Land nur als Transitland durchqueren und dort kein Asyl beantragen wollen, weil eine Asylantragstellung mit langen Wartezeiten verbunden ist (auf Grund hoher Zuwandererzahlen oder unzureichender personeller Ausstattung des Asylsystems oder weil sie wissen, dass ihre Chancen, als humanitäre Migranten anerkannt zu werden, gering sind. Diese Personen werden ebenfalls als undokumentierte Migranten betrachtet.

Abbildung 1 **Humanitäre Migration**

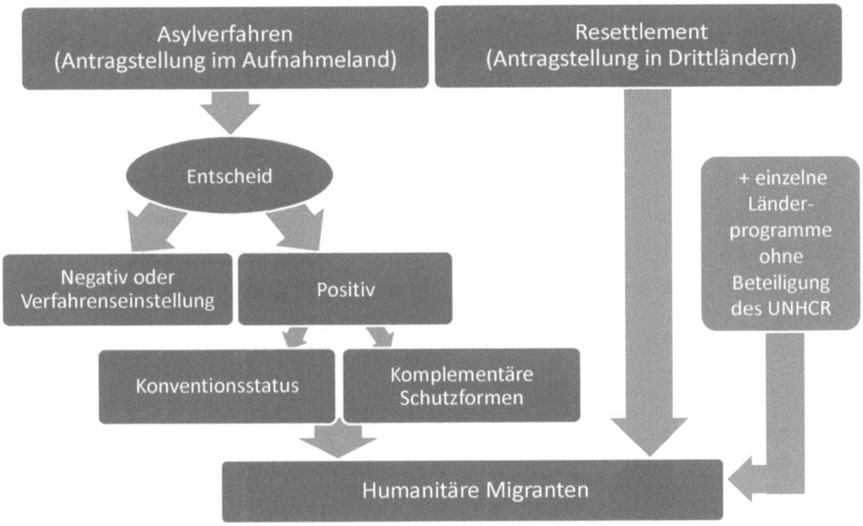

Quelle: OECD-Sekretariat, 2015.

In Bezug auf die Asylsuchenden muss über die Gültigkeitsdauer und Art des Aufenthaltstitels, den die humanitären Migranten erhalten, entschieden werden. Die Sinnhaftigkeit von vorübergehendem Schutz, bei dem die Lage im Herkunftsland nach einem gewissen Zeitraum erneut geprüft wird, wird in mehreren Ländern kontrovers diskutiert. Der Präferenz für vorübergehenden anstelle von dauerhaftem Schutz liegt die Hoffnung zu Grunde, dass dadurch möglicherweise die Rückkehr erleichtert und die Zahl der Migranten verringert werden könnte.

Allerdings könnte ein vorübergehender Schutzstatus bei den betreffenden Migranten den Eindruck erwecken, dass nicht mit ihrem Verbleib im Aufnahmeland gerechnet wird. Dies könnte einerseits ihre Motivation schwächen, sich in die Gesellschaft im Aufnahmeland zu integrieren, und andererseits potenzielle Arbeitgeber davon abhalten, sie einzustellen und auszubilden. Es ist wichtig, sich diese Zielkonflikte klar vor Augen zu führen. Einige Länder haben darauf reagiert, indem sie vereinzelt einen Statuswechsel von humanitären Migranten zu Arbeitsmigranten ermöglicht haben oder eine Erwerbstätigkeit als einen der Gründe für die Verlängerung von Aufenthaltstiteln bzw. deren Umwandlung in unbefristete Aufenthaltstitel berücksichtigen.

Welche Art von Aufenthaltstitel humanitären Migranten gewährt wird, wirkt sich auch auf den Familiennachzug aus, da das Recht, Familienangehörige nachzuholen, für Migranten mit vorübergehendem Aufenthaltsstatus oft eingeschränkt ist. Auch die

Einschränkung des Familiennachzugs soll weitgehend dazu dienen, die Rückkehr von Migranten in ihre Herkunftsländer zu erleichtern, wenn sich die Lage dort verbessert. Alternativ dazu lassen einige Länder einen Familiennachzug u.U. erst dann zu, wenn der Hauptantragsteller in den Arbeitsmarkt integriert und in der Lage ist, selbst für seinen Lebensunterhalt zu sorgen. Bei hohen Zuwandererzahlen werden Maßnahmen, die den Familiennachzug verzögern oder einschränken, auch als Mittel zur Entlastung der Integrationssysteme in den Aufnahmeländern gesehen. Sie können jedoch negative Auswirkungen auf die Integrationschancen von Familienangehörigen haben, insbesondere bei kleinen Kindern (vgl. Punkt 1). Hier müssen ebenfalls die potenziellen Kosten und der potenzielle Nutzen gegeneinander abgewogen werden[2].

Humanitäre Migranten sind bei der Eingliederung in den Arbeitsmarkt besonderen Schwierigkeiten ausgesetzt

Humanitäre Migranten sind eine besonders schutzbedürftige Gruppe von Zuwanderern, für die sehr gezielte, koordinierte und umfassende Politikmaßnahmen erforderlich sind. Auf Grund der Unfreiwilligkeit ihrer Migration und der häufig damit einhergehenden traumatischen Erlebnisse leiden sie oft an psychischen Erkrankungen und Behinderungen (Steel et al., 2009). Außerdem haben sie für einen erfolgreichen Übergang in die Erwerbstätigkeit größere Hürden zu überwinden als andere Zuwanderer. Im Allgemeinen verfügen sie bei ihrer Ankunft über keinerlei oder nur schwache Bezüge oder Verbindungen zum Aufnahmeland und haben ihre Qualifikationen und ihre Berufserfahrung in einem völlig anderen Arbeitsmarktumfeld erworben. Überdies sind viele von ihnen nicht in der Lage, geeignete Unterlagen zum Nachweis ihres Bildungsniveaus oder ihrer Kompetenzen vorzulegen.

Es überrascht daher kaum, dass Flüchtlingen der Zugang zum Arbeitsmarkt des Aufnahmelandes besonders schwerfällt und ihre Ergebnisse im Allgemeinen deutlich hinter denen anderer Zuwanderergruppen zurückbleiben. Sie sind nicht nur im Vergleich zu anderen Zuwanderergruppen in mehrfacher Hinsicht benachteiligt (in der Regel haben sie ein niedrigeres Bildungsniveau und größere sprachliche Schwierigkeiten), sondern schneiden auch am Arbeitsmarkt tendenziell schlechter ab als andere Zuwanderergruppen mit ansonsten vergleichbaren Merkmalen (Damos de Matos und Liebig, 2014).

Zu den Arbeitsmarktergebnissen von Flüchtlingen liegen nur wenige Informationen vor. Die Befunde aus einem Sondermodul der Europäischen Arbeitskräfteerhebung von 2008 und anderen Quellen deuten allerdings darauf hin, dass die meisten humanitären Migranten im Durchschnitt 5-6 Jahre brauchen, bis sie am Arbeitsmarkt integriert sind und zu Familiennachzüglern aufgeschlossen haben (Abb. 2).

Abbildung 2 **Beschäftigungsquoten nach Migrationskategorie und Aufenthaltsdauer in europäischen OECD-Ländern, 2008**

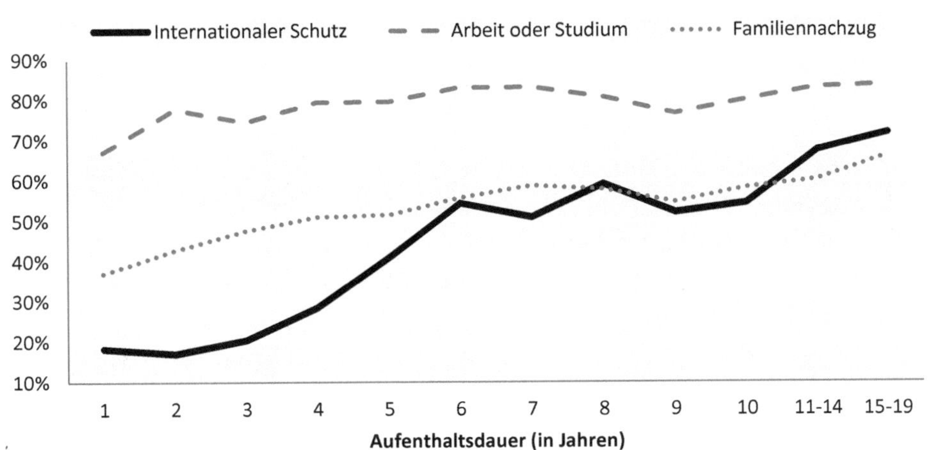

Quelle: Ad-hoc-Modul der Europäischen Arbeitskräfteerhebung zur Arbeitsmarktsituation von Zuwanderern und ihren direkten Nachkommen, 2008.

Es bestehen jedoch erhebliche Unterschiede zwischen verschiedenen Ländern und Zuwandererkohorten, und es ist nicht ungewöhnlich, dass die Arbeitsmarktergebnisse bestimmter Gruppen von humanitären Migranten (z.B. sehr geringqualifizierte Personen, ältere Flüchtlinge, Kriegstraumatisierte) deutlich länger hinter jenen anderer Zuwanderer zurückbleiben. Gleichzeitig lassen Befunde aus OECD-Ländern wie Norwegen (OECD, 2012a) den Schluss zu, dass den meisten Flüchtlingen der Übergang in die Erwerbstätigkeit wesentlich schneller gelingt, wenn die Arbeitsmarktlage gut ist und leistungsfähige Unterstützungsmaßnahmen zur Förderung der Arbeitsmarktintegration zur Verfügung stehen.

Die wachsende Heterogenität humanitärer Migranten erfordert eine zunehmende bedarfsgerechte Anpassung der Integrationsangebote

In letzter Zeit ist eine zunehmende Heterogenität der Flüchtlingskohorten zu beobachten – sowohl im Hinblick auf die Herkunftsländer als auch das Bildungsniveau, die finanziellen Ressourcen und die familiäre Situation der Migranten. Zwar bringen viele humanitäre Migranten Kompetenzen mit, für die es am lokalen Arbeitsmarkt Verwendung gibt, ihr Bildungshintergrund ist jedoch – unabhängig von den Herkunfts- oder Aufnahmeländern – sehr unterschiedlich. Einem nicht unwesentlichen Anteil mangelt es an Grundkompetenzen, die für ein eigenständiges Leben in der Gesellschaft des Aufnahmelandes erforderlich sind. In Schweden beispielsweise verfügten über 40% der 2014 eingereisten syrischen Staatsangehörigen mindestens über einen

Bildungsabschluss des Sekundarbereichs II. Bei afghanischen Staatsangehörigen betrug dieser Prozentsatz nur 20%, bei Eritreern 10%. Derartige Disparitäten stellen für die Integrationssysteme eine zusätzliche Herausforderung dar.

Ähnliche Disparitäten sind auch bei Flüchtlingen festzustellen, die im Rahmen von Resettlement-Programmen aufgenommen werden. Diejenigen, die über UNHCR-Programme aufgenommen werden, sind in der Regel vor humanitären Notlagen geflohen und benötigen spezielle Unterstützung. Diejenigen, die über privat finanzierte Aufnahmeprogramme ins Land kommen, bei denen Familienangehörige oder Organisationen als Sponsoren fungieren, brauchen ebenfalls Unterstützung. Sie erhalten jedoch in der Regel von ihren Sponsoren Hilfe bei der Integration und sind tendenziell sozioökonomisch bessergestellt.

Ob sich humanitäre Migranten in vollem Umfang in die Volkswirtschaft und Gesellschaft der Aufnahmeländer einbringen können oder nicht, hängt in hohem Maße davon ab, wie gut die integrationspolitischen Maßnahmen konzipiert sind und umgesetzt werden und ob sie die Herkunftsländer, den Bildungshintergrund und die familiäre Situation der Flüchtlinge berücksichtigen. Der Umfang und die Bandbreite der verfügbaren Maßnahmen sind in den einzelnen Aufnahmeländern und zum Teil auch für einzelne Gruppen von humanitären Migranten unterschiedlich (Kasten 2).

Kasten 2 **Aufnahme und Ansiedlung humanitärer Migranten**

Welche Integrationsmaßnahmen humanitären Migranten zur Verfügung stehen, hängt von verschiedenen Faktoren ab, zu denen u.a. der Migrationskanal zählt, über den sie in das Aufnahmeland kommen. Ein ausschlaggebender Faktor für Asylantragsteller ist die Dauer des Asylverfahrens, das sich in Extremfällen mehrere Jahre hinziehen kann. Dementsprechend erhalten Asylsuchende in einigen Ländern bereits dann Zugang zu – üblicherweise eingeschränkten – Integrationsleistungen, wenn ihr Antrag noch anhängig ist (vgl. Punkt 1). Während dieser Zeit sind die Asylbewerber in der Regel in Aufnahmeeinrichtungen untergebracht, können sich aber zum Teil auch selbst eine Unterkunft suchen. In Deutschland kann es auf Grund des starken Zustroms von Asylsuchenden im späteren Jahresverlauf 2015 zu Wartezeiten zwischen der Einreise, der Erstregistrierung und der Asylantragstellung kommen.

Nach ihrer Anerkennung als humanitäre Zuwanderer und der damit verbundenen Gewährung eines Aufenthaltstitels erfolgt für die Migranten in der Regel eine dauerhaftere Unterbringung und eine Änderung der für sie zuständigen staatlichen Verwaltungsebene, wobei die Zuständigkeit meist an die Kommunen übergeht; außerdem werden ab diesem Zeitpunkt Integrationsmaßnahmen angeboten bzw. intensiviert. Diese Maßnahmen reichen von einigen Stunden Sprachunterricht – wie in den meisten Ländern mit geringer humanitärer Zuwanderung – bis hin zu kompletten mehrjährigen Integrationsprogrammen. Beispiele für solche Programme sind in den skandinavischen Ländern zu finden, die überwiegend staatlich organisierte, bedarfsgerecht zugeschnittene Programme mit einer Dauer von normalerweise 2-3 Jahren anbieten. Nach Abschluss eines solchen Programms werden die humanitären Zuwanderer durch die regulären Leistungserbringer weiterbetreut, deren Dienstleistungen in diesem Stadium als hinreichend bedarfsgerecht erachtet werden. OECD-Länder, die keine gesonderten Programme für Migranten haben, nutzen von Anfang an die regulären Instrumente. Obwohl sie sich nicht speziell an Migranten richten, sind reguläre Fördermaßnahmen, wie z.B. Kurse für Menschen mit Schwächen in der Beherrschung der Landessprache, oft indirekt so konzipiert, dass sie den Bedürfnissen von Migranten gerecht werden.

Für Migranten, die über Resettlement-Programme aufgenommen werden, entfallen die Erstregistrierung und das Asylverfahren. Folglich setzt die Integrationsförderung für diese Migranten in der Regel sofort nach der Einreise ein. In einigen Fällen nehmen die im Rahmen von Resettlement-Programmen umgesiedelten Migranten bereits vor der Einreise an Vorbereitungsmaßnahmen teil.

Ziel dieses Leitfadens

Dieser Leitfaden bietet eine Bestandsaufnahme der Erfahrungen, die in OECD-Ländern bei der Integration humanitärer Migranten gesammelt wurden. Anhand von zehn Empfehlungen, die auf bisherigen Erfahrungen und Beispielen für empfehlenswerte Praktiken beruhen, wird aufgezeigt, wie Politikverantwortliche die wichtigsten Integrationshindernisse beseitigen und die dauerhafte Integration humanitärer Migranten fördern können. Der Leitfaden vergleicht außerdem die wichtigsten in OECD-Ländern zur Verfügung stehenden Integrationsinstrumente sowie die dafür geltenden Anspruchskriterien.

Obwohl die Integrationssysteme in vielen Ländern in den letzten Jahrzehnten deutlich verbessert wurden, bleibt nach wie vor viel zu tun, um sicherzustellen, dass die Flüchtlinge voll integrierte Mitglieder der Gesellschaft werden. Einige Länder verfügen über langjährige Erfahrungen und fortschrittliche Politikmaßnahmen. Ein typisches Beispiel hierfür sind die skandinavischen Staaten, wo humanitäre Migranten seit vielen Jahren einen Großteil der Zuwanderung ausmachen. Länder mit bedeutenden Resettlement-Programmen wie Kanada und Australien wiederum haben weitreichende Erfahrungen mit der Integration umgesiedelter Migranten gesammelt. Europäische Länder, die im Verlauf ihrer Geschichte immer wieder humanitäre Zuwanderer aufgenommen haben, sehen sich durch das schiere Ausmaß der jüngsten Migrationswelle in Bedrängnis gebracht, während für einige mittel- und osteuropäische Staaten die Integration humanitärer Migranten eine völlig neue Erfahrung darstellt. Unabhängig davon, in welcher Situation sich die einzelnen Länder gegenwärtig befinden, bieten die folgenden zehn Empfehlungen jedoch wichtige Anregungen für die Gestaltung von Politikmaßnahmen zur Integration humanitärer Migranten.

1. Humanitären Zuwanderern und Asylsuchenden mit hoher Bleibeperspektive so rasch wie möglich Aktivierungs- und Integrationsmaßnahmen anbieten

HINTERGRUND. Zu den wichtigsten Erkenntnissen, die aus der Erfahrung der OECD-Länder bei der Integration humanitärer Zuwanderer zu ziehen sind, gehört, dass es entscheidend auf frühzeitig greifende Maßnahmen ankommt (OECD, 2014). Angebote zur Deckung des dringendsten Bedarfs der Asylbewerber – Grundleistungen wie Unterkunft, Ernährung, Gesundheitsversorgung usw. – stehen allgemein zur Verfügung. Weitere Maßnahmen, die sich günstig auf die langfristige Integration auswirken, können jedoch u.U. erst nach einer langen Wartezeit bzw. nur von Personen in Anspruch genommen werden, denen ein Status als humanitärer Migrant zuerkannt wurde. Während Resettlement-Flüchtlinge im Allgemeinen sofort Zugang zu sämtlichen Fördermaßnahmen haben, müssen Asylbewerber häufig monate-, wenn nicht sogar jahrelang warten, bevor sie an Sprachkursen teilnehmen können oder sonstige Integrationsunterstützung erhalten. Wenn die Anerkennung dann endlich erfolgt ist, kann ihre Integrationsfähigkeit bereits langfristig beeinträchtigt sein.

Damit Aktivierungs- und Integrationsmaßnahmen so früh wie möglich einsetzen können, ist es zunächst einmal wichtig, die Verfahren der Beantragung von internationalem Schutz zu verkürzen. Ist dies nicht möglich, könnten die Länder die Einführung frühzeitiger Fördermaßnahmen, z.B. Sprachkurse, berufliche Weiterbildungen, Kurse in Gesellschaftskunde und Kompetenztests, in den Aufnahmeeinrichtungen in Betracht ziehen. In den Genuss solcher Angebote sollten humanitäre Migranten gelangen, die noch keine dauerhafte Unterkunft gefunden haben, sowie Asylsuchende, die gute Chancen haben, anerkannt zu werden und somit bleiben zu können.

ZIELGRUPPEN. Die Entscheidung, Integrationsmaßnahmen auf bestimmte Gruppen von Asylsuchenden auszudehnen oder nicht – und falls ja, auf welche –, hängt sowohl davon ab, ob die betreffenden Aufnahmeländer über die nötige Infrastruktur und finanzielle Kapazität verfügen, um frühzeitige Integrationsmaßnahmen anzubieten, als auch von der Art der Asylbewerber, die sie aufnehmen. Eine Möglichkeit wären Schnellverfahren für Asylsuchende, bei denen es auf Grund ihrer Herkunftsländer oder sonstigen Merkmale sehr wahrscheinlich bzw. sehr unwahrscheinlich ist, dass sie anerkannt werden. Dies führt allerdings in der Regel dazu, dass sich die Asylverfahren für die anderen Gruppen verzögern. Wenn diese anderen Gruppen nicht zu groß sind und das Aufnahmeland über die erforderlichen Ressourcen verfügt, könnte in Erwägung gezogen werden, ihnen schon frühzeitig wichtige Integrationsmaßnahmen wie Sprachkurse anzubieten.

Frühzeitig greifende Maßnahmen sind besonders wichtig, wenn es um Kinder geht. Deren Erfolg in der Schule hängt entscheidend davon ab, wie gut sie die Sprache des Aufnahmelandes beherrschen[3]. Jedes Jahr, um das sich der Schuleintritt verzögert, wirkt sich negativ auf die weiteren Bildungschancen aus. Studien aus einer Reihe von Ländern zeigen, dass dies auch für die Vorschulbildung gilt, wobei die kritische Altersgrenze bei drei Jahren angesetzt wird (OECD, 2006, und OECD, 2013)[4].

UMSETZUNG. Frühzeitige Integrationsmaßnahmen beinhalten häufig, dass Menschen erreicht werden müssen, die in Aufnahmeeinrichtungen leben. Die Aufnahmeeinrichtungen müssen folglich mit Integrationsdienstleistern zusammenarbeiten. Allerdings sind die fraglichen Einrichtungen häufig weit über das Land verstreut, und es kann sein, dass es vor Ort keine Anbieter von Integrationsleistungen gibt. Daher ist eine enge Koordinierung mit den Anbietern allgemeiner Dienste und NRO besonders wichtig.

Kooperation ist auch Voraussetzung, um die Kontinuität der Integration zu gewährleisten. Wenn Asylsuchende oder humanitäre Zuwanderer in den Aufnahmezentren Sprachkurse oder sonstige vorbereitende Integrationsmaßnahmen begonnen haben, ist es wichtig, dies zu dokumentieren und Informationen über die belegten Kurse und erzielten Fortschritte weiterzuleiten. So können sie, wenn sie eine dauerhafte Unterkunft gefunden haben, dort weitermachen, wo sie aufgehört haben, und müssen nicht wieder von vorne anfangen. Das Gleiche gilt für Kompetenzfeststellungsverfahren, die in den Aufnahmezentren begonnen und sogar dort abgeschlossen werden können (vgl. Empfehlung 4).

In Bezug auf den Informationsaustausch zwischen den betroffenen Akteuren sind die skandinavischen Länder bereits weit gekommen. Sie verfügen über Registrierungssysteme, die eine effektive, zumeist automatisierte Dokumentation und Kommunikation gewährleisten. Neueinreisende erhalten, wie alle Einwohner, eine persönliche Identifikationsnummer, die die Verbindung zwischen den verschiedenen Verwaltungsregistern schafft und über die die entsprechenden Behörden Zugriff auf Informationen, z.B. zum Aufenthaltsstatus humanitärer Migranten, zu ihrem Bildungsniveau, dem Beschäftigungsstatus oder ihrer Teilnahme an bestimmten Programmen haben.

In Deutschland wurde vor kurzem die Einführung eines einheitlichen Ausweises für Asylsuchende und Flüchtlinge beschlossen. Sobald sich die betreffenden Personen zum ersten Mal bei einer staatlichen Stelle gemeldet haben, wird dieser Ausweis für sie zum zentralen und obligatorischen Identitätsnachweis. Der Ausweis soll mit einer zentralen Datenbank verknüpft werden, in der Informationen – z.B. zu Gesundheitsuntersuchungen, Bildungshintergrund und Berufserfahrung – gespeichert sind, auf die alle Behörden und Diensteanbieter Zugriff haben.

Innerhalb des OECD-Raums bestehen große Unterschiede in Bezug auf die Bearbeitungsdauer von Anträgen auf humanitären Schutz. In manchen Ländern dauert ein solches Verfahren nur 2-3 Monate, in anderen müssen die Antragssteller u.U. fast ein Jahr warten, bis eine erstinstanzliche Entscheidung fällt (Tabelle 1). Wegen solcher langen Wartezeiten bieten manche Länder bestimmte Integrationsmaßnahmen auch Asylbewerbern an, zumeist handelt es sich aber nur um einfache Sprachkurse (Tabelle 1). Norwegen bietet Asylsuchenden, die in Aufnahmezentren leben, z.B. bis 250 Stunden Sprachunterricht an. 2014 nutzten 40% der anspruchsberechtigten Asylbewerber dieses Angebot. Weitere Integrationsmaßnahmen starten mit der Statusanerkennung.

In Deutschland können Asylbewerber aus Ländern mit hoher Anerkennungsquote seit November 2015 ebenfalls an den Integrationskursen teilnehmen (die sich aus 600 Stunden Sprachunterricht und einem 60-stündigen Orientierungskurs zusammensetzen). In der Schweiz wird Basissprachförderung für Asylsuchende in den Asylzentren angeboten, allerdings nicht durchgängig. Frühzeitige Sprachkurse für Asylbewerber werden auch in Dänemark, Polen, Slowenien, Schweden und den Vereinigten Staaten angeboten.

Gelegentlich werden die Sprachkurse für Asylsuchende durch Erwachsenenbildung und Kurse in Gesellschaftskunde, berufliche Weiterbildungen sowie – allerdings seltener – Kompetenzfeststellungsverfahren flankiert. In Spanien z.B. sind alle diese fünf Angebote für Asylbewerber vorgesehen. Belgien bietet Asylbewerbern zusätzlich zum Sprachunterricht in den Aufnahmeeinrichtungen einfache Kompetenzfeststellungsverfahren sowie eine Reihe weiterer Kurse, z.B. IT-Kurse an. Zudem können sie an sonstigen Sprachkursen sowie Erwachsenenbildung außerhalb der Aufnahmezentren teilnehmen. Wenn sie in einem Aufnahmezentrum in der Wallonie leben, können sie gleich nach Einreichung des Asylantrags an den Integrationskursen für humanitäre Zuwanderer teilnehmen. In Flandern steht ihnen diese Möglichkeit nach vier Monaten offen.

In Italien haben Asylsuchende Anspruch auf personalisierte Integrationsmaßnahmen mit Sprachunterricht, 10 Stunden Erwachsenenbildung pro Woche und Kurse in Gesellschaftskunde. 2014 nahm etwa jeder vierte Asylbewerber diese Integrationsangebote wahr. Sie werden von lokalen Anbietern in Zusammenarbeit mit zivilgesellschaftlichen Organisationen angeboten. Asylbewerber können sich nach der Aufnahmephase in den regionalen Zentren, in denen sie registriert und einer Gesundheitsuntersuchung unterzogen werden, in diese Kurse einschreiben.

Auch in einer Reihe anderer Länder – z.B. Deutschland, Estland, Griechenland, Luxemburg und der Türkei – haben Asylsuchende Anspruch auf Integrationsmaßnahmen, die über den reinen Sprachunterricht hinausgehen, allerdings werden nicht immer entsprechende Kurse angeboten.

Tabelle 1 **Integrationsförderung für Asylsuchende in OECD-Ländern, 2015 oder letztes verfügbares Jahr**

	Sprach-förderung	Erwachsenen-bildung kombiniert mit langfristiger Sprach-förderung	Kompetenz-feststellung	Gesell-schafts-kunde	Berufliche Weiter-bildungen	Durchschnittl. Dauer des Asyl-verfahrens (bis zur erst-instanzlichen Entscheidung)
Australien	Nein (außer für illegal auf dem Seeweg eingereiste Erwachsene in Community-Detention-Programmen oder Inhaber eines Überbrückungs-visums vom Typ E)	Nein	Nein	Nein	Nein	n.v.
Belgien	Ja	Ja	Ja	Ja	Nein	2,5 Monate (2014 und Anfang 2015)
Chile	Nein	Nein	Nein	Nein	Nein	9 Monate
Dänemark	Ja	Nein	Nein	Ja	Nein	2,5 Monate
Deutschland	Ja	Nein	Ja	Ja	Nein	5,3 Monate
Estland	Ja	Nein	Nein	Nein	Ja (nach 6 Monaten besteht Zugang zu regulären Arbeitsmarkt-diensten)	3,5 Monate
Finnland	Ja	Nein	Nein (aber in Planung)	Ja	Nein	5,2 Monate
Frankreich	Nein	Nein	Nein	Nein	Nein	7 Monate
Griechenland	Ja (aber nicht systematisch)	Ja	Nein	Nein	Ja (aber nicht systematisch)	2,9 Monate
Italien	Ja	Ja	Nein	Ja	Nein	3,5 Monate
Japan	Nein	Nein	Nein	Nein	Nein	7 Monate
Kanada	Nein	Nein	Nein	Nein	Nein	4 Monate für nach Dez. 2012 eingereichte Anträge
Luxemburg	Ja	Ja	Nein	Nein	Nein	10,5 Monate
Mexiko	Nein	n.v.	Nein	n.v.	n.v.	2,5 Monate
Neuseeland	Nein	Ja (aber nur für Asylbewerber mit Studenten-visum)	Nein	Nein	Nein (wird aber von einigen NRO angeboten)	4,4 Monate

	Sprach-förderung	Erwachsenen-bildung kombiniert mit langfristiger Sprach-förderung	Kompetenz-feststellung	Gesell-schafts-kunde	Berufliche Weiter-bildungen	Durchschnittl. Dauer des Asyl-verfahrens (bis zur erst-instanzlichen Entscheidung)
Niederlande	Nein (nur von Ehrenamtlichen angeboten)	Nein	Nein	Nein	Nein	Ca. 6 Monate in der Mehrzahl der Fälle (5-6 Monate Wartezeit + 14 Tage Bearbeitung)
Norwegen	Ja	Nein	Nein	Nein	Nein	2,7 Monate (Mittelwert)
Österreich	Nein	Nein	Nein	Ja (in Wien)	Nein	6 Monate
Polen	Ja	Nein	Nein	Nein	Nein	6 Monate
Portugal	Nein	Ja	Ja	Ja	Ja	6 Monate
Schweden	Ja	Nein	Nein	Nein	Nein	7,5 Monate
Schweiz	Ja	Nein	Nein (aber in Planung)	Nein (außer in einigen Regionen/ Aufnahme-zentren)	Nein	9,9 Monate
Slowenien	Ja	Nein	Nein	Nein	Nein	2,9 Monate
Spanien	Ja	Ja	Ja	Ja	Ja	n.v.
Tschechische Republik	Nein	Nein	Nein	Nein	Nein	4 Monate
Türkei	Ja (für Inhaber eines Ausweis-dokuments mit Identifikations-nummer für Personen, die internationalen Schutz beantragt haben)	Nein	Nein (außer für bestimmte Berufs-gruppen)	Nein	Ja (für Textilberufe, IT und Internet, Handwerk, Frisörgewerbe, Landwirtschaft, Viehzucht)	n.v. (laut Gesetz sollen die Verfahren jedoch nach 6 Monaten abgeschlossen sein)
Ungarn	Nein	Nein	Nein	Nein (wird aber von einigen NRO angeboten)	Nein	3,5 Monate
Vereinigtes Königreich	Nein	n.v.	Nein	Nein	Nein	n.v. (rd. 85% der Anträge werden innerhalb von 6 Monaten bearbeitet)
Vereinigte Staaten	Ja (nicht systematisch)	Nein	Nein	Nein	Nein	n.v.

Anmerkung: n.v. = nicht verfügbar.

Quelle: OECD-Fragebogen zur Integration humanitärer Migranten 2015. OECD-Fragenbogen zu Sprachkursen für erwachsene Migranten 2015.

2. Den Arbeitsmarktzugang für Asylsuchende mit hoher Bleibeperspektive erleichtern

HINTERGRUND. Je früher Migranten auf den Arbeitsmarkt eintreten, desto besser sind ihre Integrationsaussichten auf lange Sicht. Wenn gesetzliche Schranken im Weg stehen, besteht jedoch die Gefahr, dass sie auf informelle Beschäftigung zurückgreifen. Dies hat zur Folge, dass ihre Qualifikationen und Erfahrungen möglicherweise an Wert verlieren, wobei die in ihrer Erwerbsbiographie im Aufnahmeland entstandenen Lücken später schwerwiegende Scarring-Effekte auslösen können. Außerdem sind humanitäre Migranten, die Arbeitslosenunterstützung beziehen, eine finanzielle Belastung für die öffentlichen Haushalte.

Viele OECD-Länder erteilen den meisten humanitären Migranten einen sicheren Aufenthaltsstatus, der ihnen sofort uneingeschränkten Zugang zum Arbeitsmarkt gibt. Im Fall von Asylsuchenden besteht jedoch ein Zielkonflikt. Die Gewährung des uneingeschränkten Rechts zur Arbeitsaufnahme kann dazu führen, dass der Asylkanal von Migranten missbraucht wird, die eher eine Beschäftigung als internationalen Schutz suchen. Infolgedessen sind die meisten Länder dazu übergegangen, den Arbeitsmarktzugang z.B. für Asylbewerber aus Gruppen mit einer hohen Chance auf Anerkennung zu beschränken oder die Arbeitsaufnahme erst nach Ablauf einer Wartefrist zu gestatten (Tabelle 2). Alles in allem haben die einzelnen Länder die Bedingungen für den Arbeitsmarktzugang von humanitären Migranten und Asylbewerbern in den letzten Jahren jedoch erheblich gelockert.

ZIELGRUPPEN. Allen humanitären Migranten und ihren Familienangehörigen sollte uneingeschränkter Arbeitsmarktzugang gewährt werden, wie es für alle Flüchtlinge in den Bestimmungen der Genfer Konvention vorgesehen ist. Auch Personen, denen subsidärer (vorübergehender) Schutz zugute kommt, sollten vollen Zugang zum Arbeitsmarkt erhalten, was in der Regel auch der Fall ist. In erster Linie geht es hier jedoch darum, ob Asylsuchenden die Arbeitsaufnahme gestattet werden soll. Die Antwort findet sich nachstehend, wobei es eine Reihe von Einschränkungen zu berücksichtigen gilt.

Erstens ist die Frage nur von Belang, wenn das Asylverfahren lang ist. Ansonsten wirkt sich die Nichterwerbstätigkeit kaum auf die Integrationsaussichten aus, und die Asylbewerber können die Zeitspanne zwischen Antragstellung und Anerkennung nutzen, um erste Maßnahmen in Anspruch zu nehmen, die ihnen bei ihrer Integration helfen sollen. Zweitens sollten die einzelnen Länder nur den Asylsuchenden mit hoher Bleibeperspektive Zugang zum Arbeitsmarkt gewähren – insbesondere denjenigen, die aus Ländern mit sehr hohen Anerkennungsquoten stammen (wo beispielsweise mindestens drei Viertel der Antragsteller ein Status als humanitärer Migrant zuerkannt wurde). Drittens dürfen Asylbewerber dort, wo sie das Recht zur Arbeitsaufnahme besitzen, nur unter bestimmten Bedingungen (z.B. wenn eine anfängliche Wartefrist abgelaufen ist) oder nach Erfüllung bestimmter Bedingungen (z.B. nach Durchführung einer Vorrangprüfung) eine Beschäftigung ausüben.

UMSETZUNG. In den meisten OECD-Ländern sind humanitäre Migranten durch dieselben Arbeitsmarktrechte und -pflichten gebunden wie die dortigen Staatsangehörigen. In einigen – wenn auch nur in wenigen – Ländern gelten Beschränkungen für humanitäre Migranten mit vorläufigem Bleiberecht. Sie reichen von einem umfassenden Arbeitsverbot in Japan bis zu einem Verbot für selbstständige Beschäftigung in Schweden und Vorrangprüfungen für humanitäre Migranten mit bestimmten Arten von vorübergehendem Schutz in Österreich. Wird der Arbeitsmarktzugang von einer Vorrangprüfung abhängig gemacht, müssen die Arbeitgeber nachweisen, dass kein inländischer Bewerber für die fragliche Stelle verfügbar ist. Obgleich Vorrangprüfungen als Instrument zur Steuerung der Zulassung von Arbeitsmigranten dienen können, sind sie beim Arbeitsmarktzugang ein Hindernis für humanitäre Migranten und können sich in der Folgezeit negativ auf die Integrationsergebnisse auswirken.

Was Asylsuchende betrifft, haben fast alle Länder beschlossen, einigen Gruppen von Antragstellern unter bestimmten Bedingungen Zugang zum Arbeitsmarkt zu gewähren (Tabelle 2). In den meisten Ländern ist zunächst eine Wartefrist vorgesehen, die von einem Monat in Portugal bis zu zwölf Monaten im Vereinigten Königreich reicht (Tabelle 2). Ausnahmen bilden Australien, Chile, Griechenland, Kanada, Mexiko, Norwegen und Schweden, wo manche Asylbewerber arbeiten dürfen, sobald sie ihren Asylantrag gestellt haben, wenngleich andere Hindernisse wie Arbeitsmarktprüfungen fortbestehen können, so z.B. in Griechenland.

Mit Ausnahme von Chile, Italien, Mexiko und Portugal haben alle Länder, die in einem verhältnismäßig frühen Stadium des Asylverfahrens Arbeitserlaubnisse erteilen, diesbezüglich Bedingungen eingeführt. Die skandinavischen Länder nutzen z.B. den Arbeitsmarktzugang als Anreiz für Asylbewerber, beim Antragsverfahren zu kooperieren. Finnland verkürzt die Wartefrist für Asylsuchende mit gültigen Ausweispapieren, während Norwegen[5] und Schweden den Arbeitsmarktzugang von gültigen Dokumenten oder davon abhängig machen, dass sich die Asylbewerber aktiv um deren Erhalt bemühen.

Mehrere andere Länder – wie Deutschland, Luxemburg, Österreich, die Schweiz und Ungarn – setzen Vorrangprüfungen und Wartefristen ein. Diese Praxis zielt darauf ab, den Asylkanal vor Missbrauch aus wirtschaftlichen Motiven zu schützen und negative Auswirkungen auf die Beschäftigungslage der inländischen Erwerbsbevölkerung zu begrenzen. Die Durchführung von Vorrangprüfungen kann jedoch auch die Arbeitgeber abschrecken, denen die Erledigung der notwendigen Formalitäten widerstrebt, und die Verwaltungskosten erhöhen. In Deutschland entfällt daher die Vorrangprüfung nach einer Aufenthaltsdauer von 15 Monaten – außer für Asylbewerber aus sicheren Herkunftsländern, die keine Arbeitserlaubnis erhalten (Tabelle 2).

Einige Länder beschränken den Arbeitsmarktzugang auf Sektoren, wie die Landwirtschaft, wo keine negativen Auswirkungen auf die inländische Erwerbsbevölkerung zu erwarten sind (Tabelle 2). Wenn sich der Arbeitsmarktzugang auf die Beschäftigung im geringqualifizierten Niedriglohnsektor beschränkt, fällt es den Asylbewerbern u.U. schwer, diesen Sektor zu verlassen und einen besseren Arbeitsplatz zu finden. Dies könnte dazu führen, dass qualifizierte Asylbewerber dauerhaft unter Überqualifizierung leiden. Es muss sichergestellt werden, dass geringqualifizierte Beschäftigung humanitäre Migranten nicht davon abhält, ihre Kompetenzen bestmöglich einzusetzen.

Tabelle 2 **Arbeitsmarktzugang für Asylsuchende in OECD-Ländern, 2015**

	Arbeitsmarkt-zugang	Arbeitsmarktzugang unterliegt einer ...		
		Wartefrist nach der Antragstellung auf Asyl	Vorrangprüfung	Beschränkung auf bestimmte Sektoren
Australien	Ja (Bridging visa E)	Nein	Nein	Nein
Belgien	Ja	Ja (4 Monate)	Nein	Nein
Chile	Ja	Nein	Nein	Nein
Dänemark	Ja	Ja (6 Monate)	Nein	Nein
Deutschland	Ja (mit Ausnahme bestimmter Herkunftsländer)	Ja (3 Monate)	Ja (entfällt nach 15 Monaten sowie für hochqualifizierte Berufe und Mangelberufe)	Nein
Estland	Ja	Ja (6 Monate)	Nein	Nein
Finnland	Ja	Ja (3 Monate mit gültigem Ausweis, ansonsten 6 Monate)	Nein	Nein
Frankreich	Ja	Ja (9 Monate)	Nein	Nein (mit Ausnahme des öffentlichen Sektors und einiger Rechtsberufe)
Griechenland	Ja	Nein (ist von der Erteilung einer befristeten Arbeits-erlaubnis abhängig)	Ja	Nein
Italien	Ja	Ja (2 Monate)	Nein	Nein
Japan	Ja	Ja	Nein	Nein

	Arbeitsmarkt-zugang	Arbeitsmarktzugang unterliegt einer ...		
		Wartefrist nach der Antragstellung auf Asyl	Vorrangprüfung	Beschränkung auf bestimmte Sektoren
Kanada	Ja	Nein (mit Ausnahme bestimmter Herkunftsländer)	Nein	Nein
Luxemburg	Ja	Ja (9 Monate)	Ja	Nein
Mexiko	Ja	Nein	Nein	n.v.
Neuseeland	Ja (unterliegt aber einem Arbeitsvisum)	Nein	Nein	Nein
Niederlande	Ja (24 von 52 Wochen)	Ja (6 Monate)	Nein	Nein
Norwegen	Ja (es gelten allerdings verschiedene formale Vorschriften)	Nein (eine Anhörung ist jedoch unabdingbar)	Nein	Nein
Österreich	Ja	Ja (3 Monate)	Ja	Ja (Fremdenverkehr und Landwirtschaft sowie Berufsausbildungen in Mangelberufen)
Polen	Ja	Ja (6 Monate)	Nein	Nein
Portugal	Ja	Ja (1 Monat)	Nein	Nein
Schweden	Ja (nur für Asylsuchende mit gültigem Ausweis)	Nein	Nein	Nein
Schweiz	Ja (liegt im Ermessens-spielraum der einzelnen Regionen)	Ja (3 Monate)	Ja	Nein
Slowenien	Ja	Ja (9 Monate)	Nein	Nein
Spanien	Ja	Ja (6 Monate)	Nein	Nein
Tschechische Republik	Ja	Ja (6 Monate)	Nein	Nein
Türkei	Ja	Ja (6 Monate)	Ja	Ja (bestimmte Berufe stehen nur türkischen Staatsangehörigen offen)
Ungarn	Ja	Ja (9 Monate)	Ja	Nein
Vereinigtes Königreich	Ja	Ja (12 Monate)	Ja	Ja (Zugang ausschließlich zu Berufen, die auf der Positivliste für Mangelberufe aufgeführt sind)
Vereinigte Staaten	Ja	Ja (5,9 Monate)	Nein	Nein

Anmerkung: n.v. = nicht verfügbar.

Quelle: OECD-Fragebogen zur Integration humanitärer Migranten 2015.

3. Beschäftigungsaussichten bei der Verteilung berücksichtigen

HINTERGRUND. Die bei der Ankunft am lokalen Arbeitsmarkt vorherrschenden Bedingungen sind ein entscheidender Bestimmungsfaktor für die dauerhafte Integration (Åslund und Rooth, 2007). In Gegenden, in denen Arbeitsplätze reichlich zur Verfügung stehen, geht die Arbeitsmarktintegration rascher und leichter vonstatten. Daher ist es wichtig, Situationen zu vermeiden, in denen Neuankömmlinge auf Gebiete verteilt werden, in denen zwar kostengünstiger Wohnraum verfügbar, die Arbeitsmarktlage aber schlecht ist.

Viele Regierungen versuchen, Asylsuchende und humanitäre Migranten landesweit gleichmäßig zu verteilen. Das Ziel besteht darin, das Risiko der Segregation zu verringern und den Zugang zu angemessenem Wohnraum zu erleichtern, während gleichzeitig eine fairere Verteilung der Kosten auf das ganze Land gewährleistet werden soll. Auch wenn die Zuteilung zu einer Erstaufnahmeeinrichtung für die Zukunft von Asylsuchenden weniger von Bedeutung ist, entscheidet der Ort der Unterbringung von humanitären Migranten jedoch häufig über ihre Integrationsaussichten. Dies gilt dann, wenn humanitäre Migranten in den zugewiesenen Gebieten bleiben, in die sie zunächst geschickt wurden – entweder weil sie sich so entschieden haben oder weil sie durch einen Fortzug benachteiligt würden, falls der Sozialleistungsanspruch der Residenzpflicht in der ihnen zugewiesenen Gemeinde unterliegt.

Um Neuankömmlinge und ihre Kinder in Kommunen anzusiedeln, wo die Arbeitsmarktlage günstig ist, haben einige OECD-Länder spezifische, beschäftigungsbezogene Politikmaßnahmen zur Verteilung humanitärer Migranten entwickelt. Idealerweise sollten die Politikmaßnahmen die individuellen Profile der Migranten und ihre Integrationsaussichten in die dortige Bevölkerung berücksichtigen (Tabelle 3b). Angesichts des jüngsten Anstiegs der Zahl von Flüchtlingen, die derzeit in vielen europäischen OECD-Ländern ankommen, stellt der Mangel an angemessenem Wohnraum indessen eine echte Herausforderung dar. Daher wiegt das Wohnraumangebot in der Praxis häufig schwerer als andere Belange.

ZIELGRUPPEN. Verteilung kann unterschiedliche Bedeutungen haben: die Erstverteilung von Asylbegehrenden auf Aufnahmeeinrichtungen oder die Umsiedlung anerkannter humanitärer Migranten aus Aufnahmezentren in Kommunen im Hinblick auf Ansiedlung und Integration. In Ländern mit bedeutenden Resettlement-Programmen, wie Kanada und Australien, kann sich der Begriff auch auf die Ansiedlung staatlich unterstützter Kontingentflüchtlinge in den Regionen beziehen[6]. Während mehrere OECD-Länder in irgendeiner Form über einen Mechanismus zur Verteilung von Asylsuchenden auf die verschiedenen Regionen verfügen (Tabelle 3a), ist die Verteilung anerkannter humanitärer Migranten etwas weniger verbreitet (Tabelle 3b). In der Praxis bleiben

Migranten jedoch in den Gebieten, die ihnen ursprünglich als Asylsuchende zugewiesen wurden.

Politikmaßnahmen, die die Integrationsaussichten humanitärer Migranten am lokalen Arbeitsmarkt berücksichtigen, sind in Ländern von besonderer Bedeutung, in denen große regionale Disparitäten bei der Arbeitsmarktverfassung und dem Kompetenzbedarf bestehen. Darüber hinaus ist es besonders wichtig, dass Konzentrationen von geringqualifizierten Migranten, insbesondere Familien mit schulpflichtigen Kindern, in bestimmten Gebieten vermieden werden. Die Konzentration von Schülern aus sozial benachteiligten Verhältnissen kann die schulischen Leistungen erheblich beeinträchtigen (OECD, 2012b; OECD/Europäische Union, 2015).

UMSETZUNG. Von den Ländern, in denen Verteilungssysteme zur Unterbringung humanitärer Migranten bestehen, konzentrieren sich die meisten auf andere Kriterien als die Arbeitsmarktintegration – nämlich hauptsächlich auf die Verhinderung einer weiteren Konzentration in städtischen Gebieten mit bereits hohem Zuwandereranteil. Ein anderes Kriterium, das häufig verwendet wird, ist das Wohnraumangebot und die Präsenz von Freunden oder Verwandten[7].

Im Gegensatz dazu ist eine gezielte Verteilung, die sich an den Kompetenzen der humanitären Migranten und ihren Aussichten der Teilnahme am lokalen Arbeitsmarkt orientiert, verhältnismäßig selten. Dänemark, Estland, Finnland, Neuseeland, Portugal und Schweden gehören zu den wenigen OECD-Ländern, die in ihren Systemen zur Verteilung humanitärer Migranten beschäftigungsbezogene Elemente berücksichtigen. In Schweden, wo die Verteilung beispielsweise durch Vereinbarungen zwischen den Kommunen und der Zentralregierung geregelt ist, werden Neuankömmlinge nach Erhalt ihrer Aufenthaltserlaubnis im Rahmen von Gesprächen bei der öffentlichen Arbeitsmarktverwaltung systematisch über die Beschäftigungsmöglichkeiten informiert. Die Arbeitsämter betrachten das Bildungsniveau und die Berufserfahrung der Migranten, die lokalen Beschäftigungsquoten, die Größe des Standorts, die dortige Konzentration von im Ausland Geborenen sowie die Verfügbarkeit von Wohnraum. Danach ordnen sie die Migranten den Standorten zu, die zu ihrem Profil passen. Selbstverständlich ist eine solche Praxis bei einem sehr starken Zuwanderungsgeschehen nicht immer durchführbar.

In Neuseeland, wo der Großteil der Flüchtlinge im Rahmen von Resettlement-Programmen im Land aufgenommen wird und viele geringqualifiziert sind, stellt der Arbeitsmarkteintritt einen wesentlichen Schwerpunkt der neuen Ansiedlungsstrategie des Landes dar. Die Verteilung wird in erster Linie durch die Präsenz von Familienangehörigen oder ethnischen Gemeinschaften vor Ort bestimmt. Besteht die Wahl zwischen zwei oder mehreren möglichen Resettlement-Gebieten oder hat ein Migrant eine sichere Anstellung, bevor er das Aufnahmezentrum verlässt, werden – auf der Grundlage einer vorherigen Kompetenzfeststellung – jedoch die Beschäftigungs- und Bildungsmöglichkeiten betrachtet. Norwegen entwickelt derzeit ein Schnellverfahren zur Kompetenzfeststellung, das dazu beitragen soll, humanitäre Migranten aus Aufnahmeeinrichtungen auf Städte zu verteilen, die zu ihrem Berufsprofil passen. Dieses Verfahren soll 2016 landesweit eingeführt werden[8].

Eine Frage, die sich in diesem Zusammenhang stellt, ist die intraregionale Verteilung. Selbst wenn humanitäre Migranten u.a. auf der Grundlage der jeweiligen lokalen Arbeitsmarktlage auf das ganze Land verteilt werden, können die Beschäftigungsaussichten innerhalb der einzelnen Regionen sehr unterschiedlich ausfallen. Dies kann dazu führen, dass manche Gemeinden in einer Region möglicherweise mehr Flüchtlinge aufnehmen als andere und dort u.U. nicht ausreichend Wohnraum zur Verfügung steht, was ein praktisches Hindernis darstellt. Darüber hinaus kann sich die Frage der Entschädigung stellen, wenngleich eine mögliche Lösung dafür in finanziellen Anreizen bestehen könnte, um die Kommunen zur Aufnahme von Flüchtlingen und ihrer guten Integration zu ermutigen (vgl. Punkt 9).

Dabei muss natürlich eine gute Balance zwischen dem Ziel der gleichmäßigen Verteilung humanitärer Migranten auf das ganze Land und innerhalb der einzelnen Regionen und dem Ziel der dauerhaften Arbeitsmarktintegration gefunden werden. Die Arbeitsmarktintegration sollte indessen ein wichtiges Entscheidungskriterium sein, da die Kosten, die durch eine Vernachlässigung dieses Punkts entstehen würden, beträchtlich sein können. Belege aus Schweden und Dänemark deuten darauf hin, dass die Beschäftigungsaussichten von Migranten u.U. negativ beeinflusst werden und sie sich möglicherweise viele Jahre nach der Erstansiedlung mit geringeren Beschäftigungsquoten und Löhnen abfinden müssen, wenn beschäftigungsbezogene Faktoren bei der Gestaltung von Politikmaßnahmen zur Verteilung humanitärer Migranten außer Acht gelassen werden (Damm und Rosholm, 2005; Edin et al., 2004).

Erkenntnisse aus Schweden zeigen, dass Flüchtlinge, die auf Grund von verfügbarem Wohnraum auf Gebiete verteilt wurden, acht Jahre nach ihrer Ansiedlung im Durchschnitt 25% weniger verdienten, Beschäftigungsquoten aufwiesen, die 6-8 Prozentpunkte niedriger ausfielen, und mit einer 40%igen Wahrscheinlichkeit eher von Sozialleistungen abhängig waren als Flüchtlinge, die nicht im Rahmen einer Verteilungspolitik angesiedelt wurden (Edin et al., 2004). Außerdem erzielen Migranten, die das ihnen ursprünglich zugewiesene Gebiet verlassen, im Durchschnitt bessere Arbeitsmarktergebnisse als diejenigen, die dort bleiben, wenn bei der Verteilung die Arbeitsmarktlage unberücksichtigt blieb. Die Schlussfolgerung lautet, dass es sich günstig auswirken kann, wenn die sogenannte „sekundäre Migration" von Flüchtlingen nicht zu Benachteiligungen führt, wann immer sie erwerbsorientiert ist (Andersson und Solid, 2003; Stewart, 2011)[9].

Wenn der Ansiedlung humanitärer Migranten die Verteilungspolitik zu Grunde liegt, würden die einzelnen Länder insgesamt gut daran tun, beschäftigungsbezogenen Faktoren Rechnung zu tragen – zu denen die individuellen Profile der Migranten, die jeweilige Lage auf dem lokalen Arbeitsmarkt und idealerweise bestimmte Mangelberufe vor Ort zählen (vgl. Punkt 9). Gleichwohl kann die beschäftigungsbezogene Verteilung in manchen vorgesehenen Gebieten zu erheblichen Vorlaufkosten in Bezug auf die Schaffung von neuem Wohnraum führen. Sicherlich sollten andere Kriterien, vor allem das Wohnraumangebot und die Verfügbarkeit von Integrationsdiensten, weiterhin wichtige Aspekte bei den Verteilungsentscheidungen der Länder sein. Außerdem wird es im Fall hoher Zuwandererzahlen zunehmend schwierig, beschäftigungsbezogene Verteilungstrends umzusetzen und zu finanzieren. Wann immer die Länder jedoch die Wahl haben, sollten sie dem Aspekt der Beschäftigung besondere Aufmerksamkeit widmen.

Tabelle 3a **Verteilung der Asylbewerber in OECD-Ländern, 2015**

	Gesteuerte Verteilung der Asylbewerber	Verteilungskriterien	Dürfen Asylbewerber selbstständig wohnen?
Australien	Nein	/	Ja (unter bestimmten Umständen)
Belgien	Ja	• Familiäre Situation und Gesundheitszustand der Asylbewerber • Kenntnis der Landessprachen • Einwohnerzahl und Zuwandereranteil in der Kommune	Ja (dann entfällt aber der Anspruch auf finanzielle Unterstützung)
Chile	Nein	/	n.v.
Dänemark	Nein	/	Ja (nach 6 Monaten)
Deutschland	Ja	• Feste Quote entsprechend der Steuereinnahmen und der Bevölkerungszahl der Länder („Königsteiner Schlüssel“)	Ja (nur unter bestimmten Bedingungen)
Estland	Nein	/	Ja (wenn sie über ausreichend finanzielle Mittel verfügen)
Finnland	Ja	• Bereitschaft der Gemeinde zur Aufnahme von Asylsuchenden • Verfügbarkeit von Plätzen in den Aufnahmezentren	Ja
Frankreich	Ja	n.v.	Nein
Griechenland	Nein	/	Nein
Irland	Ja	• Prozentualer Anteil der Asylsuchenden in Aufnahmeeinrichtungen in den HSE-Gebieten (Health Service Executive)	Ja (dann entfällt aber der Anspruch auf [finanzielle] Unterstützung)

	Gesteuerte Verteilung der Asylbewerber	Verteilungskriterien	Dürfen Asylbewerber selbstständig wohnen?
Italien	Ja (nur für Asylbewerber ohne finanzielle Ressourcen, die formell um Unterbringung in Aufnahmeeinrichtungen ersuchen)	• Gleichmäßige Verteilung • Verfügbare Plätze • Profil der Asylsuchenden • Integrationsaussichten • Freiwillige Teilnahme der Kommunen an Ausschreibungen (SPRAR-Netzwerk)	Ja
Japan	Nein	/	Ja
Kanada	n.v.	n.v.	n.v.
Luxemburg	Nein (versucht aber Konzentrationen von Asylbewerbern aus demselben Herkunftsland oder derselben Herkunftsregion zu vermeiden)	/	Ja (jedoch nur unter außergewöhnlichen Umständen und mit der finanziellen Beteiligung des Asylsuchenden)
Neuseeland	Nein	/	Ja
Niederlande	Nein	/	Nein
Norwegen	Ja	• Verfügbare Angebote geeigneter Asylzentren durch öffentliche Ausschreibung	Ja (dann entfällt aber der Anspruch auf Geldleistungen)
Österreich	Ja	• Größe der Kommune	Ja
Polen	Ja	• Wohnungskosten (45%) • Sonstige örtliche Bedingungen (20%) • Einwohnerzahl und Arbeitslosenquote in der Kommune (15%) • Wohnungsangebot (15%) • Entfernung zur Ausländerbehörde (5%)	Nein
Portugal	Ja	• Wohnungsangebot im zugewiesenen Gebiet • Bereitschaft der Gemeinde zur Aufnahme von Migranten • Größe der Kommune • Lebenshaltungskosten im zugewiesenen Gebiet • Konzentration von im Ausland Geborenen/ humanitären Migranten im zugewiesenen Gebiet • Individuelle Beschäftigungsaussichten im zugewiesenen Gebiet • Angebot von Sprachkursen	Ja
Schweden	Ja (wenn die Asylsuchenden selbst keine Unterkunft finden können)	• Verhandlungen zwischen regionalen Gebietskörperschaften und Kommunen auf der Grundlage einer Vierjahresprognose, die sich auf nationale Statistiken und eine unterstellte Anerkennungs-/ Ablehnungsquote stützt	Ja

	Gesteuerte Verteilung der Asylbewerber	Verteilungskriterien	Dürfen Asylbewerber selbstständig wohnen?
Schweiz	Ja	• Bevölkerung in der Region (gleichmäßige Verteilung zwischen den Regionen) • Verfügbarkeit von Aufnahmeeinrichtungen in der Region • Familienangehörige vor Ort • Ethnische Gemeinschaften vor Ort (um Konzentrationen von bestimmten Staatsangehörigkeiten zu vermeiden) • Individuelle Aufnahmebedürfnisse	Ja
Slowak. Republik	Nein (nicht systematisch)	/	Ja (dann entfällt aber der Anspruch auf [finanzielle] Unterstützung)
Slowenien	Ja (nicht systematisch)	/	Ja
Spanien	Nein	/	Ja (und in Ausnahmefällen können die Kosten von Mietwohnungen gedeckt werden)
Tschech. Republik	Nein	/	Ja
Türkei	Ja	• Familiäre Situation und Gesundheitszustand der Asylbewerber • Einwohnerzahl und Zuwandereranteil in der Kommune	Ja
Ungarn	Ja	• Familiäre Situation der Asylbewerber	Ja (wenn sie bei Familienangehörigen oder Freunden untergebracht werden können oder über die notwendigen Ressourcen verfügen)
Vereinigtes Königreich	Ja	• Wohnungsangebot (in der Regel außerhalb von London) • Kulturelle Gemeinsamkeiten • Kapazität der Hilfsdienste • Unterbringungsstrategien auf lokaler Ebene • Risiko zunehmender sozialer Spannungen	Ja (aber die Kosten für selbstständiges Wohnen werden nicht übernommen)
Vereinigte Staaten	Nein	/	Ja

Anmerkung: n.v. = nicht verfügbar; / = nicht anwendbar.

Quelle: Europäisches Migrationsnetz (2013), *Ad-Hoc Query on allocation of refugees to municipalities for integration purposes* und OECD-Fragebogen zur Integration humanitärer Migranten 2015.

Tabelle 3b **Verteilung humanitärer Zuwanderer in OECD-Ländern, 2015**

	Werden humanitäre Migranten nach Anerkennung ihres Status einer Kommune oder einer Region zugewiesen?	Berücksichtigte Verteilungskriterien
Australien	Ja	• Verwandte vor Ort / lokale Netzwerke • Vorhandensein wichtiger sozialer Dienste
Belgien	Nein	/
Chile	Nein	/
Dänemark	Ja	• Zuwandereranteil in der Kommune • Individuelle Beschäftigungsaussichten
Deutschland	Nein (außer für Resettlement-Flüchtlinge, für die der Aufenthaltsort so lange festgelegt ist, wie sie von Sozialleistungen abhängig sind)	Für Resettlement-Flüchtlinge: Quote entsprechend der Steuereinnahmen und der Bevölkerungszahl der Länder („Königsteiner Schlüssel"); familiäre Bindungen werden soweit wie möglich ebenfalls berücksichtigt
Estland	Ja	• Gesundheitszustand des Migranten • Wohnsitz der Familienangehörigen (verwandt oder verschwägert) • Wohnbedingungen • Beschäftigungsmöglichkeiten • Konzentration humanitärer Migranten • Sonstige bedeutende Umstände
Finnland	Ja	• Bereitschaft der Kommune zur Aufnahme humanitärer Migranten • Verfügbarkeit von Wohnraum • Angebot von Integrationsdiensten (Sprachkurse) • Beschäftigungsaussichten • Ethnische Gruppen vor Ort in der Kommune (für Resettlement-Flüchtlinge)
Frankreich	Nein	/
Griechenland	Nein	/
Italien	Nein	/
Japan	Nein	/
Kanada	Ja (trifft nur auf staatlich unterstützte Flüchtlinge zu)	• Familienangehörige vor Ort
Luxemburg	Ja	• Wohnungsangebot im zugewiesenen Gebiet • Bereitschaft der Gemeinde zur Aufnahme von Migranten • Größe der Kommune
Neuseeland	Ja (nur für Kontingentflüchtlinge)	• Familienangehörige oder ethnische Gemeinschaften vor Ort • Hilfskapazität bei der Ansiedlung in den Regionen (Rotes Kreuz) • Beschäftigungsmöglichkeiten • Wohnungsangebot • Vorhandensein bestimmter Dienste • Verfügbarkeit von Gesundheitsdiensten • Langfristige kommunale Entwicklung • Zusammensetzung der künftigen Flüchtlingsaufnahmequote
Niederlande	Ja	• Erwartete Zahl der aufzunehmenden Personen • Bevölkerung der Kommune
Norwegen	Ja	• Bereitschaft der Kommunen zur Aufnahme von Migranten

Österreich	Nein (es sei denn, sie leben im Rahmen der Grundversorgung noch immer in organisierten Unterkünften)	• Größe der Kommune
Polen	Nein	/
Portugal	Ja	• Wohnungsangebot im zugewiesenen Gebiet • Bereitschaft der Gemeinde zur Aufnahme von Migranten • Größe der Kommune • Lebenshaltungskosten im zugewiesenen Gebiet • Konzentration von im Ausland Geborenen/humanitären Migranten im zugewiesenen Gebiet • Individuelle Beschäftigungsaussichten im zugewiesenen Gebiet • Angebot von Sprachkursen
Schweden	Ja	• Verfügbarkeit von Wohnraum • Größe der Kommune • Konzentration von im Ausland Geborenen und/oder humanitären Migranten im zugewiesenen Gebiet • Beschäftigungsquote • Individuelle Beschäftigungsaussichten
Schweiz	Nein (die Migranten bleiben in dem Gebiet, in dem sie als Asylsuchende untergebracht wurden, können aber um einen Fortzug ersuchen)	/
Slowak. Republik	Ja	• Angebot von Sprachkursen
Slowenien	Ja (betrifft diejenigen, die sich dafür entscheiden, in staatlich organisierten „Integrationshäusern" statt in Privatunterkünften zu leben)	• Verfügbarkeit von Wohnraum
Spanien	Nein	/
Tschechische Republik	Nein	/
Türkei	Nein	/
Ungarn	Nein	/
Vereinigtes Königreich	• Nein im Fall von Personen, die das Asylverfahren durchlaufen haben (Sozialwohnungsanspruch besteht in dem Gebiet, in dem sie als Asylsuchende untergebracht wurden, in der Praxis können sie jedoch in andere Gegenden umziehen und die dortigen Dienste nutzen) • Ja für Resettlement-Flüchtlinge	Für Resettlement-Flüchtlinge: • Bereitschaft der Kommune zur Teilnahme am Resettlement-Programm • Individueller Bedarf der Flüchtlinge und Angebotssituation (z.B. in Bezug auf spezialisierte medizinische Versorgung)
Vereinigte Staaten	Ja (nur für die anfängliche Unterbringung von Resettlement-Flüchtlingen)	• Bürgerbefragungen • Vorhandensein kultureller und sprachlicher Kapazitäten auf lokaler Ebene für das Angebot entsprechender Dienstleistungen • Billigung eines jährlichen Resettlement-Plans durch das Department of State's Bureau of Population, Refugees, and Migration

Anmerkung: n.v. = nicht verfügbar; / = nicht anwendbar.

Quelle: OECD-Fragebogen zur Integration humanitärer Migranten 2015.

4. Im Ausland erworbene Qualifikationen, berufliche Erfahrungen und Kompetenzen von Flüchtlingen erfassen und beurteilen

HINTERGRUND. Bei humanitären Zuwanderern handelt es sich nicht um eine zufällige Auswahl der Bevölkerung der Herkunftsländer. Die Flucht ist häufig kostspielig, und so stammen Asylsuchende selten aus den ärmsten Bevölkerungsgruppen. In der Regel sind sie auch höher qualifiziert als der Bevölkerungsdurchschnitt ihrer Herkunftsländer. Allerdings messen die Arbeitgeber im OECD-Raum Bildungsabschlüssen, die nicht in OECD-Ländern erworben wurden, weniger Wert bei und lassen im Ausland erworbene Berufserfahrung kaum gelten (Damos de Matos und Liebig, 2014).

Humanitäre Zuwanderer können davon stärker betroffen sein als andere Migranten, da sie im Allgemeinen aus Ländern stammen, deren Bildungsstrukturen, Berufsausbildungssysteme und Arbeitsmärkte sich stark von denen der Aufnahmeländer unterscheiden. Außerdem können viele humanitäre Migranten keine Nachweise ihrer Qualifikationen vorlegen oder mussten ihre Ausbildung auf Grund von Verfolgung oder Krieg vorzeitig abbrechen. Daher sind Flüchtlinge mit im Ausland erworbenen Qualifikationen häufiger arbeitslos oder für die ausgeübte Beschäftigung überqualifiziert als andere Migrantengruppen (ebd.).

Um die Kompetenzen von humanitären Migranten besser zu nutzen und sicherzustellen, dass das Integrationsangebot ihrem individuellen Bedarf bestmöglich gerecht wird (vgl. Punkt 5), ist es unerlässlich zu wissen, welche Kompetenzen sie mitbringen. Deshalb ist es wichtig, dass im Ausland erworbene Qualifikationen und Kompetenzen rasch und effektiv beurteilt und anerkannt werden. Falls keine schriftlichen Qualifikationsnachweise vorgelegt werden können, sollten dabei nötigenfalls alternative Kompetenzfeststellungsmethoden angewandt werden.

ZIELGRUPPEN. Die Erfassung und Beurteilung der im Ausland erworbenen Kompetenzen ist für alle erwachsenen humanitären Zuwanderer, einschließlich Asylsuchender mit Arbeitserlaubnis, von entscheidender Bedeutung. Je nach Niveau und Art der bereits erworbenen Qualifikationen können zwei große Kategorien von Kompetenzfeststellungsverfahren unterschieden werden.

1. Im Fall von humanitären Migranten mit beruflichen Kompetenzen, die hauptsächlich am Arbeitsplatz oder durch informelles Lernen erworben wurden, werden Methoden der Anerkennung vorgängig erworbener Kompetenzen (*recognition of prior learning* – RPL) eingesetzt. Dabei wird eine umfassende Übersicht über die Kompetenzen der betreffenden Person erstellt, die potenziellen Arbeitgebern vorgelegt werden kann, um eventuelle Zweifel an den Fähigkeiten humanitärer Zuwanderer zu zerstreuen.

2. Eine formale Anerkennung kann für humanitäre Migranten nützlich sein, die über einen ausländischen Bildungsabschluss des Sekundarbereichs II, des postsekundären oder des tertiären Bereichs verfügen. Wenn keine formelle Anerkennung der Bildungsabschlüsse erfolgt, durch die deren Gleichwertigkeit mit inländischen Bildungsabschlüssen bescheinigt wird, besteht für hochqualifizierte Migranten ein großes Risiko, dass sie Beschäftigungen aufnehmen müssen, für die sie überqualifiziert sind. Gelegentlich ist eine solche formelle Anerkennung nur partiell möglich oder es zeigt sich, dass das ausländische Diplom einem niedrigeren inländischen Bildungsabschluss entspricht. Solche Verfahren gewährleisten jedoch, dass sich die Arbeitgeber ein klareres Bild von den Kompetenzen der Betreffenden machen können.

UMSETZUNG. Um das Kompetenzpotenzial von Flüchtlingen voll auszuschöpfen und geeignete Formen der Integrationsförderung zu identifizieren, sollten die Länder die beruflichen Qualifikationen, Kompetenzen und Berufserfahrungen von Neueinreisenden systematisch gleich zu Beginn des Integrationsprozesses dokumentieren, beurteilen und – soweit möglich und angemessen – anerkennen. Im Fall von Asylbewerbern sollte diese Dokumentierung und Beurteilung idealerweise während des Asylverfahrens erfolgen, zumindest für Personen mit Arbeitsmarktzugang. Dies ist jedoch kein einfaches Unterfangen. Personen, die in diesem Bereich tätig sind, berichten, dass Asylsuchende ihre Kompetenzen nicht immer richtig beschreiben, vor allem wenn sie den Eindruck haben, dass dies ihre Chancen auf Anerkennung ihres Asylantrags verschlechtern könnte.

Viele Länder haben Elemente der Kompetenzerhebung in ihre Integrationsprogramme für humanitäre Migranten aufgenommen, allerdings ist dies nur in wenigen Ländern systematisch geschehen. Noch seltener werden solche Dienste – seien es RPL-Verfahren oder Verfahren zur formellen Anerkennung von Bildungsabschlüssen – für Asylbewerber angeboten, deren Antragsverfahren noch läuft (Tabelle 4).

RPL-Verfahren sind in den meisten OECD-Ländern zwar vorgesehen, Migranten – einschließlich Flüchtlingen – sind unter denjenigen, die ihre Kompetenzen im Rahmen solcher Verfahren beurteilen lassen, jedoch häufig unterrepräsentiert. Dies ist zu bedauern, da die Anerkennung vorgängig erworbener Kompetenzen häufig die einzige Möglichkeit ist, um die beruflichen Kompetenzen von Flüchtlingen festzustellen, die über wenig oder keine formale Bildung verfügen. Allerdings ist sie auch für diplomierte humanitäre Zuwanderer von großem Nutzen, die keine Kopie ihres Bildungsabschlusses oder sonstige schriftliche Nachweise vorlegen können.

Die für die Anerkennung vorgängig erworbener Kompetenzen erforderlichen Beurteilungen werden in der Regel von der öffentlichen Arbeitsmarktverwaltung in Zusammenarbeit mit den zuständigen Fachverbänden und den Arbeitgebern durchgeführt (vgl. Punkt 8). Die dabei angewandten Methoden variieren von Land zu Land und von Beruf zu Beruf. Im Allgemeinen handelt es sich jedoch um Kombinationen von strukturierten

Interviews, Eignungstests, Prüfungen, Praxisbeobachtungen, Tests in nachgestellten Berufssituationen und Begutachtungen von Arbeitsproben. Länder, in denen besondere RPL-Verfahren für Flüchtlinge vorgesehen sind, die keine Zeugnisse oder sonstige schriftliche Nachweise ihrer Qualifikationen vorlegen können, sind beispielsweise Australien, Dänemark, Deutschland, Finnland, Kanada, die Niederlande, Norwegen, Österreich, Schweden und das Vereinigte Königreich. Allerdings bieten nur wenige dieser Länder solche Kompetenzfeststellungsverfahren, die sehr zeitaufwendig sein können, in großem Rahmen an (Kasten 3).

RPL-Verfahren sind ein relativ schnelles, kosteneffizientes Instrument zur Identifizierung von individuellem Weiterbildungsbedarf. Zudem sind sie ein gutes Mittel, um zu verhindern, dass humanitäre Zuwanderer, deren im Ausland erworbene Qualifikationen als nicht gleichwertig mit den inländischen Abschlüssen eingestuft wurden, Kurse in Bereichen besuchen müssen, in denen sie bereits über hinreichende Kompetenzen und Kenntnisse verfügen. In solchen Fällen kann die Anerkennung von Vorkenntnissen Bestandteil von Brückenkursen sein, die Migranten die Möglichkeit geben sollen, Kompetenzlücken zu schließen, die sie daran hindern, den zur Ausübung eines bestimmten Berufs im Aufnahmeland erforderlichen inländischen Abschluss bzw. die inländische Zulassung zu erlangen. In Schweden haben die Sozialpartner z.B. zusammen mit der öffentlichen Arbeitsmarktverwaltung ein beschleunigtes Integrationsprogramm eingerichtet, mit dem humanitäre Migranten rasch in eine Reihe von Mangelberufen vermittelt werden sollen. Dieses Programm verbindet Elemente von RPL-Verfahren („Early Mapping", Übersetzung schriftlicher Qualifikationsnachweise, Kompetenzfeststellung am Arbeitsplatz und Prüfungen vorhandener Kenntnisse) mit maßgeschneiderten Brückenkursen, die auch berufsbezogenen Sprachunterricht beinhalten. Nach Abschluss des Programms erhalten die Teilnehmer ein Berufszertifikat.

Genauso wie Dienste zur Anerkennung vorgängig erworbener Kompetenzen werden auch Verfahren zur formellen Anerkennung von Bildungs- und Berufsabschlüssen häufig nur wenig genutzt, wobei hinzukommt, dass sie von Personen, die keinen schriftlichen Nachweis ihrer Qualifikationen vorlegen können, oft auch nicht genutzt werden können. Um die Hindernisse zu überwinden, die sich aus fehlenden offiziellen Dokumenten ergeben, gibt es Dienste zur Feststellung formaler Qualifikationen, die mit einer Reihe alternativer Methoden arbeiten. Wenn es auf Grund von Krieg, Naturkatastrophen oder der Schließung der betreffenden Bildungseinrichtungen nicht möglich ist, offizielle Kopien zu beschaffen, kann auf eine Reihe anderer Nachweise zurückgegriffen werden:

- Versicherungen an Eides statt, in denen die Antragstellenden ihre Situation und ihre Kenntnisse beschreiben,
- Bescheinigungen von Berufsverbänden,
- Bescheinigungen von Dozenten oder Ausbildern,

- sonstige Nachweise für den Besuch einer Bildungseinrichtung, z.B. Auszüge aus Studentenregistern, Studentenausweise, Lehrbücher o.Ä., Teilnahmebescheinigungen an Staatsexamen, Zahlungsbelege für Studiengebühren und Nachweise für die Berufsausübung.

Manche Herkunftsländer, z.B. Nigeria und Pakistan, haben spezielle Dienste eingerichtet, die eine Überprüfung der Diplome ihrer Staatsangehörigen ermöglichen (WES, 2012). Wenn keine alternativen Möglichkeiten des Nachweises vorhanden sind, bleiben RPL-Verfahren – u.U. in Kombination mit Brückenkursen – die beste Lösung.

Häufig scheint ein Zielkonflikt zu bestehen zwischen raschen, systematischen Kompetenzfeststellungsverfahren und formellen, eingehenderen Verfahren zur Anerkennung von Qualifikation. Dieser Konflikt kann jedoch gelöst werden. Für Asylbewerber mit guter Bleibeperspektive können verpflichtende Kurzverfahren zur Erfassung der vorhandenen Kompetenzen und beruflichen Erfahrungen bereits zu einem frühen Zeitpunkt im Asylverfahren durchgeführt werden. Dies macht es den betreffenden Personen einfacher, eine Stelle zu finden, hilft bei der Identifizierung geeigneter Integrationsprogramme (z.B. berufsbezogene Sprachkurse und gezielte berufliche Weiterbildungen) und kann als Entscheidungshilfe bei der Verteilung der Asylbewerber dienen (vgl. Punkt 3).

Wenn die Asylbewerber dann anerkannt sind, können eingehendere Kompetenzfeststellungsverfahren stattfinden, die auf denen aufbauen, die zu Beginn des Asylverfahrens durchgeführt wurden. Solche Beurteilungen werden vor allem für humanitäre Zuwanderer durchgeführt, die eine formelle Anerkennung ihrer im Ausland erworbenen Qualifikationen oder Vorkenntnisse benötigen, um ihre Ausbildung fortzusetzen, einen reglementierten Beruf auszuüben oder einfach bessere Chancen bei Stellenbewerbungen zu haben. In Finnland wurde vor kurzem ein solcher mehrstufiger Ansatz für die Kompetenzfeststellung eingeführt (Kasten 3).

Kasten 3 **Kompetenzfeststellungsverfahren für humanitäre Zuwanderer und Asylsuchende in ausgewählten OECD-Ländern**

In **Österreich** hat das Arbeitsmarktservice Wien vor kurzem ein Pilotprojekt zur Feststellung der beruflichen Kompetenzen von Flüchtlingen gestartet. Die sogenannten Kompetenzchecks mit bislang rd. 1 000 Teilnehmern werden in Farsi, Arabisch, Russisch und Französisch durchgeführt und dauern fünf Wochen. Die Teilnehmer erhalten dabei zudem Informationen über die Anerkennung von Bildungsabschlüssen sowie über das Bildungssystem und den Arbeitsmarkt in Österreich. Außerdem organisiert das Arbeitsmarktservice im Rahmen dieses Projekts auch Schulungstage in Unternehmen. Nach Abschluss des Programms erhält jeder Teilnehmer einen Bericht mit einer Aufstellung seiner Kompetenzen. Das Projekt soll auf andere Regionen ausgedehnt werden, womit die Teilnehmerzahl 2016 auf insgesamt 8 000 steigen soll.

Finnland hat kürzlich einen Aktionsplan zur Beurteilung der beruflichen Kompetenzen von Asylsuchenden verabschiedet. Die entsprechenden Tests werden in den Aufnahmezentren durchgeführt, während die Betreffenden auf die Entscheidung über ihren Antrag warten. Die Ergebnisse dieser Beurteilung werden bei der Wahl der Region berücksichtigt, in der sie angesiedelt werden sollen, um ihnen Bildungs- und Beschäftigungsmöglichkeiten zu bieten, die ihren Kompetenzen entsprechen. Wenn ihnen das Aufenthaltsrecht zugebilligt wurde, wird dann eine umfassendere Kompetenzfeststellung durchgeführt. Sollte es länger dauern, bis die vormaligen Asylbewerber von den Aufnahmeeinrichtungen an den Ort übersiedeln können, an dem sie anschließend leben sollen, können diese umfassenderen Kompetenzfeststellungsverfahren teilweise in den Aufnahmezentren durchgeführt werden.

In **Deutschland** wird im Fall von Asylbewerbern mit guten Chancen, ein dauerhaftes Aufenthaltsrecht zu erhalten, im Rahmen des Projekts „Early Intervention" („Frühzeitige Arbeitsmarktintegration für Asylsuchende") eine systematische Beurteilung der beruflichen Kompetenzen durchgeführt. Dieses Projekt wurde inzwischen gesetzlich verankert und soll bundesweit umgesetzt werden. Mitarbeiter der Arbeitsagentur gehen in die Aufnahmezentren, wo sie anhand eines „Mini-Arbeitspakets", das auf Selbstauskünften der Asylsuchenden über Beruf, Abschlüsse und Lebenslauf beruht, eine Kompetenzerhebung durchführen. Anschließend werden in den Arbeitsagenturen Gespräche mit den Asylsuchenden geführt, um eine personalisierte Beschäftigungsstrategie auszuarbeiten, die ihren Kompetenzen sowie dem Arbeitgeberbedarf in der Region gerecht wird. Humanitäre Zuwanderer und Asylsuchende, die kaum oder keine schriftlichen Nachweise über ihre im Ausland erworbenen Qualifikationen vorlegen können, haben nach dem Berufsqualifikationsfeststellungsgesetz ebenfalls die Möglichkeit, ihre beruflichen Kompetenzen feststellen zu lassen. Dazu wird eine Qualifikationsanalyse durchgeführt, in der Fertigkeiten, Kenntnisse und Fähigkeiten auf der Grundlage von Arbeitsproben beurteilt werden. Um die Zahl der qualitätsgesicherten Qualifikationsanalysen deutschlandweit zu erhöhen, hat die Bundesagentur für Arbeit ein mit Mitteln des Bundesministeriums für Bildung und Forschung finanziertes Pilotprojekt entwickelt. Die für die Durchführung der Qualifikationsanalysen zuständigen Stellen werden im Rahmen dieses Projekts durch dezentrale Schulungen, individuelle Beratung,

Arbeitshilfen, Wissensmanagement sowie einen Sonderfonds zur finanziellen Unterstützung der Antragstellenden unterstützt.

In den **Niederlanden** hilft die Zentralagentur für die Aufnahme von Asylsuchenden (Centraal Orgaan opvang asielzoekers – COA) Flüchtlingen, die das Aufenthaltsrecht erhalten haben, dabei, Unterlagen über ihre bisherige Bildungs- und Berufslaufbahn zusammenzustellen. So soll ihnen bei der Integration in den niederländischen Arbeitsmarkt geholfen werden. Dazu müssen sie aber formelle Nachweise ihrer Qualifikationen vorlegen können. Um dieses Hindernis auszuräumen, hat das niederländische Fachzentrum für die Evaluierung ausländischer Qualifikationen zusammen mit mehreren Flüchtlingsorganisationen und der Wirtschaft ein Instrument entwickelt, mit dessen Hilfe vorhandene Qualifikationen ausgehend von Selbstangaben der Flüchtlinge festgestellt werden sollen.

In **Norwegen** wurde 2013 ein nationales System zur Qualifikationsanerkennung für humanitäre Migranten entwickelt, die nur unvollständige bzw. keine amtlichen Nachweise für ihren Hochschulabschluss vorlegen können. Es läuft unter der Bezeichnung Recognition Procedure for Persons without Verifiable Documentation (UVD-Verfahren) und wird von Fachausschüssen durchgeführt, die von der norwegischen Agentur für Qualitätssicherung in der Bildung (NOKUT) bestellt werden. Dieses Verfahren setzt sich aus fachlichen Beurteilungen, Hausarbeiten und einer Aufzeichnung der Berufsbiografie zusammen. Am Ende wird formell entschieden, ob die im Ausland erworbenen Qualifikationen der Antragstellenden einem norwegischen Hochschulabschluss gleichwertig sind. Eine unter einer Stichprobe von Antragstellenden durchgeführte Erhebung ergab, dass über die Hälfte derer, deren Qualifikationen 2013 anerkannt wurden, seitdem entweder einen Arbeitsplatz gefunden oder eine Weiterqualifizierung begonnen haben (*http://www.nokut.no/en/Foreign-education/Other-recognition-systems/Recognition-Procedure-for-Persons-without-Verifiable-Documentation/*).

Tabelle 4 **Systematische Kompetenzfeststellungsverfahren für Asylsuchende und humanitäre Migranten in OECD-Ländern**

	Asylsuchende	Humanitäre Zuwanderer
Australien	Nein	Nein
Belgien	Ja	Ja
Chile	Nein	Nein
Dänemark	Nein	Ja
Deutschland	Ja	Ja
Estland	Nein	Nein
Finnland	Nein (aber in Planung)	Ja
Frankreich	Nein	Ja
Griechenland	Nein	Nein
Italien	Nein	Ja (nur für Resettlement-Flüchtlinge)
Japan	Nein	Nein
Kanada	Nein	Ja
Luxemburg	Nein	Nein
Mexiko	Nein	n.v.
Neuseeland	Nein	Ja (im Rahmen der Unterstützung für Arbeitslose)
Niederlande	Nein	Ja
Norwegen	Nein	Ja (noch nicht systematisch, allerdings findet eine Kompetenzerhebung statt, wenn die Flüchtlinge in Gemeinden untergebracht werden und vor dem Resettlement).
Österreich	Nein	Nein (aber es gibt ein Pilotprojekt)
Polen	Nein	Nein
Portugal	Ja	Ja
Schweden	Nein	Ja
Schweiz	Nein (aber in Planung)	Ja (aber mit regionalen Unterschieden)
Slowenien	Nein	Nein
Spanien	Ja	Ja
Tschechische Republik	Nein	Nein
Türkei	Nein (außer für bestimmte Berufsgruppen)	Nein (außer für bestimmte Berufsgruppen)
Ungarn	Nein	Nein (kann aber von NRO angeboten werden)
Vereinigtes Königreich	Nein	Ja (Zugang zu den regulären Angeboten)
Vereinigte Staaten	Nein	Nein

Anmerkung: n.v. = nicht verfügbar; / = nicht anwendbar.

Quelle: OECD-Fragebogen zur Integration humanitärer Migranten 2015. OECD-Fragenbogen zur Anerkennung von im Ausland erworbenen Qualifikationen 2015.

5. Die zunehmende Heterogenität humanitärer Zuwanderer berücksichtigen und bedarfsgerechte Ansätze entwickeln

HINTERGRUND. In zahlreichen OECD-Ländern hat die Heterogenität der Flüchtlinge in den letzten Jahrzehnten zugenommen – nicht nur in Bezug auf die Herkunftsländer, sondern auch auf das Bildungsniveau, die familiäre Situation und die finanziellen Ressourcen der Flüchtlinge. Durch die sehr unterschiedlichen individuellen Profile der Flüchtlinge wird die Integration erschwert, da es keine für alle gleichermaßen geeigneten Einheitslösungen gibt. Während einerseits viele humanitäre Migranten über Tertiärbildung verfügen, mangelt es andererseits einem Großteil an grundlegenden Qualifikationen, wodurch sich der Integrationsbedarf erheblich verkompliziert. So ist beispielsweise eine nach Art, Niveau und Dauer einheitliche Sprachförderung für Flüchtlinge, die einen unterschiedlichen Bildungshintergrund aufweisen, unterschiedliche Sprachen sprechen und unterschiedliche berufliche Perspektiven haben, möglicherweise weder notwendig noch praktikabel. Folglich werden zunehmend auf den individuellen Bedarf zugeschnittene Integrationsmaßnahmen benötigt, um humanitäre Migranten dabei zu unterstützen, sich in den lokalen Arbeitsmarkt zu integrieren und aktive Mitglieder der Gesellschaft ihres Aufnahmelandes zu werden, die selbst für ihren Lebensunterhalt aufkommen können.

ZIELGRUPPEN. Besonders wichtig ist in diesem Zusammenhang die Bereitstellung gezielter Integrationsangebote für Migranten an den beiden Extremen des Qualifikationsspektrums, die einen sehr unterschiedlichen Förderbedarf aufweisen. Analphabeten und Flüchtlinge mit sehr niedrigem Bildungsniveau haben einen erheblichen Qualifizierungsbedarf, um auf lange Sicht beschäftigungsfähig zu werden; nicht selten dauert es fünf Jahre, sie auf den Arbeitsmarkt vorzubereiten. Zudem brechen viele ihre Qualifizierungsmaßnahmen ab, um stattdessen eine geringqualifizierte, instabile Beschäftigung aufzunehmen. Dementsprechend besteht ein elementarer Bestandteil des Integrationsprozesses darin, ihnen die Bedeutung und den Nutzen von Aus- und Weiterbildung vor Augen zu führen. Die Integrationsförderung für sehr geringqualifizierte Migranten muss als langfristige Investition betrachtet werden. Man kann nicht davon ausgehen, dass sie sich sofort auszahlt (vgl. Punkt 10), doch wenn die Investition Früchte trägt, können davon auch die Kinder der Migranten profitieren.

Am anderen Ende des Kompetenzspektrums werden anspruchsvollere Integrationsprogramme mit höherem Lerntempo benötigt, um hochqualifizierten Migranten rasch die sprachlichen und beruflichen Kompetenzen auf fortgeschrittenem Niveau zu vermitteln, die für eine höher qualifizierte Beschäftigung erforderlich sind.

Darüber hinaus sind spezifische Integrationsherausforderungen im Zusammenhang mit bestimmten Gruppen zu bewältigen. Dazu zählen die immer größere Zahl unbegleiteter Minderjähriger (vgl. Punkt 7) sowie jene Flüchtlinge, die durch Konflikt- oder Fluchterfahrungen schwer traumatisiert sind (vgl. Punkt 6).

UMSETZUNG. Der Förderbedarf hängt von den Fähigkeiten der jeweiligen Zielgruppe ab. Die erfolgreiche Integration humanitärer Migranten erfordert bedarfsgerechte Maßnahmen, die die Kompetenzen, den Bildungshintergrund und die familiäre Situation der Flüchtlinge berücksichtigen. Dementsprechend sollten die Integrationsangebote eine Reihe von Maßnahmen unterschiedlicher Form, Art und Dauer umfassen. Die meisten OECD-Länder haben Integrationsinstrumente speziell für humanitäre Zuwanderer entwickelt, wobei jedoch im Ländervergleich bedeutende Unterschiede hinsichtlich der Bandbreite und des Umfangs dieser Instrumente bestehen. Das Maß, in dem diese Instrumente auf die Bedürfnisse verschiedener Flüchtlingsgruppen und -profile abgestimmt sind, ist ebenfalls von Land zu Land sehr unterschiedlich.

Welche Art von Integrationsförderung ein Migrant erhält, kann beispielsweise von seinem Kompetenzniveau abhängen. So werden in Norwegen Flüchtlinge, denen es an grundlegenden Kompetenzen mangelt, zur Teilnahme an Einführungsprogrammen verpflichtet, nicht aber höher qualifizierte Flüchtlinge. Es mag zwar offensichtlich erscheinen, dass die Teilnahme an Einführungsprogrammen im eigenen Interesse der Flüchtlinge liegt, man könnte aber argumentieren, dass jene, denen es an grundlegenden Kompetenzen fehlt, den Nutzen solcher Programme vielleicht weniger gut einschätzen können. Zudem müssen sie für eine erfolgreiche Teilnahme am Arbeitsmarkt ohnehin gewisse Grundkompetenzen erwerben.

In Europa verfügen die skandinavischen Länder über die ausgereiftesten Integrationsinstrumente für humanitäre Migranten[10]. In der Regel handelt es sich dabei um strukturierte mehrjährige Programme, die Sprachunterricht mit Kursen in Gesellschaftskunde sowie arbeitsmarktbezogenen Schulungs- und Fördermaßnahmen verbinden. Die Dauer der Programme beträgt im Allgemeinen 2-3 Jahre, kann aber häufig dem Bildungsniveau der einzelnen Flüchtlinge angepasst werden. In Dänemark beispielsweise können Analphabeten, denen es an grundlegenden Kompetenzen mangelt, zusätzliche Sprachförderung erhalten, die über den Rahmen des regulären dreijährigen Einführungsprogramms hinausgeht und insgesamt fünf Jahre dauert. Norwegen und Schweden verfügen über ähnliche Modelle, bei denen die Schulungsmaßnahmen gemäß dem Bedarf der einzelnen Flüchtlinge und der Kapazität der betreffenden Kommunalverwaltung verlängert werden können. Hochqualifizierte Flüchtlinge lernen dagegen oft schneller und benötigen für einen Arbeitsmarkteintritt weniger Qualifizierungsmaßnahmen.

Der Förderbedarf verschiedener Gruppen von Flüchtlingen unterscheidet sich nicht nur in Bezug auf die Dauer, sondern auch auf die Art der benötigten Integrationsmaßnahmen. Im Idealfall stellen die zuständigen Sachbearbeiter mit den betroffenen Flüchtlingen ein individuelles Integrationsprogramm zusammen. In der Regel wird durch eine Bedarfsanalyse – d.h. ein Gespräch im Anschluss an die Anerkennung als Flüchtling – versucht, den individuellen Förderbedarf auf der Grundlage der Bildung, Berufserfahrung und Berufsaussichten des Migranten zu ermitteln. Anhand dieser Analyse werden dann die geeigneten Integrationsmaßnahmen ausgewählt. Manchmal beruht die Auswahl der Förderinstrumente auf einer umfassenden Evaluierung der Kompetenzen und Qualifikationen (vgl. Punkt 4 und Kasten 4); dies geschieht jedoch selten systematisch.

Einführungsprogramme umfassen in der Regel beschäftigungsbezogene Maßnahmen, wie z.B. berufliche Bildung, Berufsberatung und Bewerbungstraining, sowie Kurse in Gesellschaftskunde und allgemeine Erwachsenenbildung. Die Sprachförderung ist in der Regel der wichtigste Bestandteil. Die Kurse müssen gut konzipiert sein, damit die Anreize, daran teilzunehmen und sie abzuschließen, gesteigert werden. In den meisten OECD-Ländern werden spezielle Sprachkurse für verschiedene Gruppen von Lernenden – vor allem Analphabeten und Flüchtlinge mit niedrigem Bildungsstand – angeboten. Weniger verbreitet sind dagegen Kurse, die auf den sprachlichen Hintergrund der Teilnehmer abgestimmt oder speziell auf hochqualifizierte Flüchtlinge zugeschnitten sind (Tabelle 5a). Ein Beispiel für Kurse, die sich an Flüchtlinge mit niedrigem Bildungsniveau richten, ist das australische Special Preparatory Programme (SPP). Im Rahmen dieses Programms können Flüchtlinge, die nur über geringe Schulbildung verfügen oder vor ihrer Auswanderung besonderen Belastungen, z.B. durch traumatische Erlebnisse oder Folter, ausgesetzt waren, bis zu 400 Stunden an zusätzlichen Sprachvorbereitungskursen erhalten.

Eine andere – besonders effiziente – Möglichkeit, um sicherzustellen, dass Sprachkurse den unterschiedlichen Bedürfnissen der einzelnen Flüchtlinge gerecht werden, besteht in einem modularen Aufbau der Kurse. Ungefähr die Hälfte aller OECD-Länder nutzt einen solchen Ansatz (Tabelle 5a), bei dem das Lernen in aufeinander aufbauenden Modulen mit zunehmend anspruchsvolleren Lernzielen organisiert wird. Neben den Bemühungen um eine Diversifizierung der Kursinhalte spielen flexible Unterrichtsformen eine entscheidende Rolle dafür, Hemmnisse zu beseitigen und unterschiedlichen Gruppen von Flüchtlingen – einschließlich Berufstätiger oder Personen mit familiären Verpflichtungen – die Teilnahme an Sprachkursen zu ermöglichen. Das Refugee and Humanitarian Resettlement Program in Kanada beispielsweise bietet für humanitäre Migranten Präsenz- und Onlinekurse auf Voll- oder Teilzeitbasis tagsüber, abends oder am Wochenende an und stellt systematisch kursbegleitende Kinderbetreuungsplätze zur Verfügung. In anderen OECD-Ländern gibt es ähnliche Angebote.

Die Maßnahme, die sich am stärksten am individuellen Bedarf der einzelnen Migranten orientiert, ist jedoch die Schulung am Arbeitsplatz, bei der die Inhalte und die Form der Sprachförderung den Kompetenzen und dem Weiterbildungsbedarf der einzelnen Flüchtlinge angepasst werden. Dieser Ansatz ist trotz hoher Kosten mit bedeutenden Vorteilen verbunden. Durch die Kombination von Spracherwerb mit beruflicher Bildung und Arbeitsmarkterfahrung erleichtert die Schulung am Arbeitsplatz den Übergang in den Arbeitsmarkt erheblich. Darüber hinaus stärkt sie bei den Flüchtlingen den Anreiz, die Sprache zu lernen, und baut bei den Arbeitgebern Vorbehalte ab, den Flüchtlingen eine Chance zu geben.

Sprachförderung am Arbeitsplatz ist auch eine wichtige Komponente von Brückenkursen. Sie ermöglicht es Flüchtlingen, deren ausländische Qualifikationen nicht mit inländischen Qualifikationen gleichwertig sind, die fehlenden Kompetenzen zum Erreichen der vollständigen Äquivalenz ihrer Qualifikation zu erwerben und letztlich im Aufnahmeland ihren Beruf auszuüben (vgl. Punkt 4). Zu den OECD-Ländern, die arbeitsplatzbasiertes Lernen anbieten, zählen u.a. Österreich, die Schweiz und die skandinavischen Länder (Tabelle 5b). Die Schulung am Arbeitsplatz ist zwar sehr effektiv, sie ist aber auch teuer und erfordert die Kooperation der Arbeitgeber. Darüber hinaus sind diese Schulungsmaßnahmen oft auf Berufe beschränkt, in denen große Nachfrage herrscht, und werden selten landesweit angeboten (vgl. Punkt 9)[11].

Während sich die Schulung am Arbeitsplatz für qualifizierte Flüchtlinge mit vorheriger Ausbildung oder Berufserfahrung eignet, profitieren humanitäre Zuwanderer, die ihre Tertiärbildung in ihrem Herkunftsland fluchtbedingt nicht abschließen konnten, stärker von Möglichkeiten, ihre Bildung im Aufnahmeland fortzusetzen. Zwar werden nur in wenigen Ländern systematisch flüchtlingsspezifische Programme angeboten, in einigen Ländern existieren jedoch kleinere Initiativen. Ein Beispiel ist die holländische Stiftung für Flüchtlingsstudenten (UAF). Sie unterstützt und berät hochqualifizierte Flüchtlinge während des Studiums und hilft ihnen, nach Abschluss ihres Studiums einen geeigneten Arbeitsplatz zu finden. In Griechenland verzichten Universitäten in der Nähe der Häfen, in denen die Flüchtlinge ankommen, bei Flüchtlingsstudenten auf die üblichen Zulassungsprüfungen. Deutschland hat mit „Kiron" eine Online-Universität für Flüchtlinge, die diesen ein kostenloses Studium ermöglicht und in Kooperation mit einer Reihe von Partneruniversitäten international anerkannte Abschlüsse verleiht. Die Europäische Kommission bietet im Rahmen ihrer Initiative „Science4Refugees" ein Jobportal an, auf dem Asylsuchende bzw. Flüchtlinge mit wissenschaftlichem Hintergrund und europäische Universitäten und Forschungseinrichtungen, die Praktika, Teilzeit- und Vollzeitstellen zu vergeben haben, miteinander in Kontakt treten können.

Kasten 4 **Nach kompetenzbasierten Lerngruppen differenzierte Sprachförderung für humanitäre Zuwanderer in Norwegen**

In Norwegen erhalten humanitäre Zuwanderer im Rahmen des Einführungsprogramms Sprachunterricht in Norwegisch. Die Sprachkurse werden von den Kommunen angeboten und sind in drei kompetenzbasierte Kursarten unterteilt, die sich in Lerntempo, Lernmethoden und Klassengrößen unterscheiden.

Kurs 1 ist für Migranten mit keinerlei oder kaum vorheriger Schulbildung konzipiert; zu dieser Zielgruppe zählen Analphabeten oder Migranten, die wenig Übung im Umgang mit geschriebener Sprache haben. Kurs 2 wendet sich an Migranten mit einem gewissen Umfang an schulischer Bildung, die in ihrer Muttersprache oder einer anderen Sprache schriftlich kommunizieren können. Sie sind in der Lage, geschriebene Sprache als Lerninstrument zu nutzen. Einige von ihnen beherrschen aber möglicherweise die lateinische Schrift nicht oder kaum, während andere Teilnehmer Kenntnisse in einer oder mehreren Fremdsprachen besitzen. Kurs 3 ist auf humanitäre Zuwanderer mit gutem allgemeinem Bildungsniveau – einschließlich Akademiker – ausgerichtet. Die Teilnehmer dieses Kurstyps sind es gewohnt, Lesen und Schreiben als Instrumente zur Aneignung von Wissen zu nutzen und haben häufig in der Schule eine oder mehrere Fremdsprachen gelernt. Viele von ihnen haben ein gutes Verständnis für sprachliche Zusammenhänge entwickelt und machen dementsprechend schnelle Fortschritte beim Spracherwerb.

Um sicherzustellen, dass die humanitären Zuwanderer in den Kurs eingeteilt werden, der ihrem Kompetenzprofil und ihrem Förderbedarf entspricht, erfassen und evaluieren die Kommunen den Bildungshintergrund, den Beruf, die Praxiserfahrung, die Fremdsprachenkenntnisse und die Zukunftspläne der Teilnehmer. Diese Evaluierung kann in Form eines Gesprächs mit dem Migranten – gegebenenfalls unterstützt durch einen Dolmetscher – erfolgen und durch Sprachtests in Norwegisch und anderen Sprachen ergänzt werden. Die Kommunen haben zwei Monate Zeit, um zu entscheiden, in welchen Kurs der betreffende Teilnehmer eingruppiert wird.

Quelle: Regelungen zum norwegischen Integrationsgesetz, abgerufen von *https://lovdata.no/dokument/SF/forskrift/2012-04-19-358.*

Tabelle 5a **Gezielte Sprachförderung für humanitäre Migranten in OECD-Ländern, 2015**

	Öffentlich (ko-)finanzierte Sprachförderung	Spezielle Sprachkurse für Geringqualifizierte	Spezielle Sprachkurse für Hochqualifizierte	Modulare Sprachkurse
Australien	Ja (bei Erfüllung der Anspruchskriterien)	Ja (bei Erfüllung der Anspruchskriterien)	Ja (bei Erfüllung der Anspruchskriterien)	Ja (bei Erfüllung der Anspruchskriterien)
Belgien	Ja	Ja	Ja	Nein
Chile	Nein	Nein	Nein	Nein
Dänemark	Ja	Ja	Ja	Ja
Deutschland	Ja	Ja	Ja	Ja
Estland	Ja	Nein	Nein	Nein
Finnland	Ja	Ja	Ja	Ja
Frankreich	Ja	Nein	Nein	Ja
Griechenland	Ja (nicht systematisch)	Nein	Nein	Nein
Italien	Ja	Nein	Nein	Ja
Japan	Ja (aber nicht für alle Gruppen von humanitären Migranten)	Nein	Nein	Nein
Kanada	Ja	Ja	Ja	Ja
Luxemburg	Ja	Ja	Nein	Ja
Mexiko	Ja	Nein	n.v.	Ja
Neuseeland	Ja	Ja	Ja	Ja (auf Niveau von keinerlei bis geringer Lesekompetenz)
Niederlande	Ja (darlehensbasiert)	Ja	Ja	Ja
Norwegen	Ja	Ja	Ja	Nein (niveaubasiert)
Österreich	Ja	Ja	Ja (nicht systematisch)	Ja
Polen	Ja	Nein	Nein	Nein
Portugal	Ja	Ja	Ja	Ja
Schweden	Ja	Ja	Ja	Ja
Schweiz	Ja	Ja	Ja	Ja
Slowenien	Ja	Nein (Akkreditierungsprozess noch nicht abgeschlossen)	n.v. (i.d.R. durch private Sprachschulen angeboten)	Ja
Spanien	Ja	Ja	Ja	Ja
Tschech. Republik	Ja	Nein	Nein	Ja
Türkei	Ja (in 16 Flüchtlingslagern und 10 Stadtzentren; außerhalb dieser Lager bzw. Zentren u.U. von NRO angeboten)	Ja	Ja (in Flüchtlingslagern und Stadtzentren werden Türkischkurse auf fortgeschrittenem Niveau organisiert)	Nein

	Öffentlich (ko-)finanzierte Sprachförderung	Spezielle Sprachkurse für Geringqualifizierte	Spezielle Sprachkurse für Hochqualifizierte	Modulare Sprachkurse
Ungarn	Ja (nur für vorübergehend Schutzberechtigte)	Nein (kann aber von NRO angeboten werden)	Nein (kann aber von NRO angeboten werden)	Nein (kann aber von NRO angeboten werden)
Vereinigtes Königreich	Ja	Ja	Nein	Ja
Vereinigte Staaten	Ja (aber nicht systematisch für alle humanitären Migranten)	Ja (aber nicht systematisch verfügbar)	Nein	Nein

Anmerkung: n.v. = nicht verfügbar

Quelle: OECD-Fragebogen zur Integration humanitärer Migranten 2015. OECD-Fragebogen zu Sprachkursen für erwachsene Migranten 2015.

Tabelle 5b **Berufsbezogene Integrationsförderung für humanitäre Migranten in OECD-Ländern, 2015**

	Berufliche Weiterbildung	Berufsbezogene Sprachförderung	Sprachförderung am Arbeitsplatz
Australien	Ja (bei Erfüllung der Anspruchskriterien)	Ja (bei Erfüllung der Anspruchskriterien)	Ja (im Rahmen des SLPET*-Programms)
Belgien	Ja (aber nicht speziell für humanitäre Migranten)	Ja	Nein
Chile	Nein	Nein	Nein
Dänemark	Ja	Nein	Ja
Deutschland	Ja	Ja	Ja
Estland	Ja (im Rahmen der regulären Arbeitsmarktdienste)	Ja	Nein
Finnland	Ja	Ja	Ja
Frankreich	Nein	Nein	Nein
Griechenland	Ja (aber nicht systematisch)	Nein	Nein
Italien	Nein	Ja	Nein
Japan	Ja (aber nicht für alle humanitären Migranten)	Nein	Ja (aber nicht für alle humanitären Migranten)
Kanada	Ja	Ja	Ja
Luxemburg	Ja (Zugang zu den regulären Angeboten)	Nein	Nein
Neuseeland	Ja	Nein (nicht systematisch)	Ja
Niederlande	Ja	Situationsabhängig	Von einigen Arbeitgebern angeboten
Norwegen	Ja	Ja (aber eingeschränkt, nicht systematisch)	Ja (reguläre arbeitsplatzbasierte Vermittlung von Grundkompetenzen)

	Berufliche Weiterbildung	Berufsbezogene Sprachförderung	Sprachförderung am Arbeitsplatz
Österreich	Ja (reguläre Maßnahmen verfügbar, zielgruppenspezifische Maßnahmen geplant)	Ja	Nein
Polen	Nein	Nein	Nein
Portugal	Ja	Ja	n.v.
Schweden	Ja	Ja	Ja
Schweiz	Ja	Ja	Ja (z.B. im Bau-, Gaststätten- und Reinigungsgewerbe sowie in der Landwirtschaft)
Slowenien	Nein	Nein	Nein
Spanien	Ja	Ja	Ja
Tschechische Republik	Ja (reguläre AAMP-Maßnahmen für registrierte Arbeitsuchende)	Ja (durch berufsbezogene Sprachkurse)	Nein
Türkei	Ja (in Flüchtlingslagern; außerhalb dieser Lager u.U. von NRO und Kommunalverwaltungen angeboten)	Nein	Ja (nur für Beschäftigte mit Arbeitserlaubnis)
Ungarn	Nein (kann aber von NRO angeboten werden)	Nein (kann aber von NRO angeboten werden)	Nein
Vereinigtes Königreich	Ja (im Rahmen der staatlichen Dienstleistungen für Arbeitsuchende)	Nein (berufsbezogene Englischkurse existieren zwar, werden aber nicht vom Staat finanziert)	Nein
Vereinigte Staaten	Ja (aber nicht für alle humanitären Migranten)	Ja (aber nicht systematisch verfügbar)	Ja (aber nicht systematisch verfügbar)

Anmerkung: n.v. = nicht verfügbar. * SLPET = Settlement Language Pathways to Employment and Training.

Quelle: OECD-Fragebogen zur Integration humanitärer Migranten 2015. OECD-Fragebogen zu Sprachkursen für erwachsene Migranten 2015.

6. Psychische und physische Erkrankungen frühzeitig erkennen und geeignete Hilfen anbieten

HINTERGRUND. Ein erheblicher Prozentsatz der Flüchtlinge leidet unter psychischen Störungen wie Angstzuständen und Depressionen, die eine Folge traumatischer, häufig gewaltgeprägter Erfahrungen sind, die sie in ihren Herkunftsländern und während der Flucht erlitten haben (Steel et al., 2009; und Kane et al., 2014). Auch physische Gesundheitsprobleme auf Grund von Verfolgung, Folter, Missbrauch und Verletzungen sind häufig festzustellen (Pfortmüller et al., 2012; McLeod und Reeve, 2005). Gesundheitliche Probleme können ein großes Integrationshindernis sein, da sie sich auf fast alle Lebensbereiche auswirken und es den Betroffenen so schwer machen können, eine Beschäftigung aufzunehmen, die Sprache des Aufnahmelands zu erlernen, Behördengänge zu erledigen oder in der Schule erfolgreich zu sein (Cebulla, Daniel und Zurawan, 2010; Khoo, 2007).

Wenn sich Flüchtlinge in ihren Aufnahmeländern eine Zukunft aufbauen sollen, müssen etwaige Gesundheitsprobleme rasch diagnostiziert und in einer Weise behandelt werden, die ihren besonderen Bedürfnissen Rechnung trägt.

ZIELGRUPPEN. Humanitäre Zuwanderer befinden sich häufig in einem schlechteren Gesundheitszustand als die Gesamtbevölkerung und andere Migrantengruppen (Murray, Davidson und Schweitzer, 2010). Psychische Erkrankungen sind unter Personen, deren Familien auseinandergerissen wurden, sowie Minderjährigen und Waisen besonders ausgeprägt. Kriegs- und Fluchterfahrungen können bei ihnen besonders starke Spuren hinterlassen und ihre Entwicklung und Integration beeinträchtigen.

UMSETZUNG. Der erste Schritt, um krankheitsbedingten Integrationshindernissen zu begegnen, sollte in einer systematischen Beurteilung des Gesundheitszustands der Neuankömmlinge bestehen. In den meisten Aufnahmeländern werden medizinische Untersuchungen – z.B. zum Ausschluss von Infektionskrankheiten wie Tuberkulose – im Rahmen von routinemäßigen Gesundheitschecks zu Beginn des Asylverfahrens oder vor der Einreise (im Fall von Resettlement-Flüchtlingen) durchgeführt. Nur selten werden die Betreffenden jedoch auch auf psychische Erkrankungen hin untersucht. Zu den wenigen Ländern, in denen dies geschieht, gehört Schweden, wo die routinemäßigen Gesundheitschecks, denen Asylsuchende unterzogen werden, auch Untersuchungen ihres psychischen Zustands umfassen (Kasten 5). Angesichts der hohen Verbreitung psychischer Erkrankungen in der Flüchtlingspopulation sollten mehr Länder diesem Beispiel folgen.

Als zweiten Schritt sollten die Aufnahmeländer humanitären Migranten einen gesetzlichen Anspruch auf allgemeine Gesundheitsversorgungsleistungen gewähren. Die meisten OECD-Länder tun dies zwar, einige beschränken jedoch den Zugang von

Asylsuchenden zu den entsprechenden Diensten. Diese Beschränkungen gelten im Allgemeinen während der ersten Monate und werden anschließend gelockert, so dass die Asylsuchenden dann die regulären Dienste in Anspruch nehmen können. Auslöser für solche Beschränkungen sind Kostenerwägungen sowie Befürchtungen, dass ein rascher Zugang zur regulären Gesundheitsversorgung zusätzliche Asylsuchende anlocken könnte. Länder, die solche Beschränkungen über einen längeren Zeitraum aufrechterhalten, laufen jedoch Gefahr, infolge aufgeschobener Behandlungen letztlich höhere Kosten schultern zu müssen[12].

Wenn mit der Anerkennung des Asylantrags dann gesetzlicher Anspruch auf reguläre medizinische Versorgung im Aufnahmeland besteht, stellen sich neue Probleme. Dabei kann es sich sowohl um Probleme mit der Nutzung der angebotenen Dienste als auch in Bezug auf das Angebot, z.B. an Behandlungsmöglichkeiten für psychische Erkrankungen, handeln.

Bei der Nutzung des Gesundheitssystems können verschiedene Hindernisse auftreten. Dies kann z.B. mit einer mangelnden Kenntnis bzw. Vertrautheit mit den vor Ort angebotenen Diensten, Misstrauen gegenüber einem unbekannten System sowie Angst vor einer möglichen Stigmatisierung zusammenhängen. Um Flüchtlinge mit dem Gesundheitssystem vertraut zu machen, sollten die Aufnahmeländer sie systematisch über dessen Funktionsweise informieren, sie an die passenden Dienste verweisen und wichtige Informationen auch in den Sprachen der Hauptherkunftsländer anbieten. Die Einbeziehung von führenden Vertretern der Zuwanderergemeinden, von Migrantenverbänden sowie von geschulten Beratungskräften aus den Herkunftsländern, wie sie in Schweden praktiziert wird (vgl. Punkt 3), kann dabei helfen, Vertrauen zu schaffen, Stigmatisierungen zu verringern und den Grad der Nutzung von Gesundheitsdiensten in der Flüchtlingspopulation zu erhöhen (Murray, Davidson und Schweitzer, 2010). Ort und Organisation der medizinischen Dienste sind ein weiterer wichtiger Faktor, da sie den Zugang zur Gesundheitsversorgung fördern oder im Gegenteil behindern können.

Die Sicherung ausreichender psychologischer Unterstützung und sonstiger spezialisierter medizinischer Angebote stellt für Länder, die einen starken Zustrom an humanitären Zuwanderern verzeichnen, eine große Herausforderung dar. Außerdem kann psychologische Hilfe wirkungslos sein, wenn sie in einer Sprache angeboten wird, die der Patient nicht oder nur teilweise versteht. Sprachbarrieren können zu Fehldiagnosen führen, was negative Auswirkungen auf die Behandlungs- und Heilungschancen hat. Um die Kommunikation zu verbessern, arbeiten mehrere Länder falls nötig mit Dolmetschern. Australien hat einen speziellen telefonischen Übersetzungs- und Dolmetscherdienst eingerichtet (TIS). Dieser Dienst kann rund um die Uhr, sieben Tage pro Woche kontaktiert werden, bietet dank eines Netzes freier Mitarbeiter über

100 Sprachen an und deckt Themen aus allen Lebensbereichen ab. Er ist zwar zumeist kostenpflichtig, Ärzte können ihn jedoch kostenfrei in Anspruch nehmen. Sie haben vorrangigen Zugang zu dem Dienst, so dass sie innerhalb von drei Minuten mit einem Dolmetscher für die üblichsten Sprachen verbunden werden können. Einige Länder bieten zudem spezielle Hilfen, z.B. für Opfer von Folter oder Vergewaltigungen an, allerdings zumeist auf Ad-hoc-Basis (Kasten 5).

Kasten 5 **Besondere Gesundheitsdienste für Flüchtlinge**

In **Österreich** bietet Hemayat, ein in Wien ansässiges Zentrum für psychische Betreuung, Flüchtlingen Psychotherapie, Beratung und klinische Versorgung. Für alle Dienste stehen Dolmetscher zur Verfügung. Zebra in Graz bietet interkulturelle Psychotherapie für traumatisierte Flüchtlinge, und zwar mehrsprachig, kostenfrei, anonym und vertraulich (*www.zebra.or.at*).

In **Kanada** hat die Ottawa Community Immigrant Services Organisation (OCISO) ein klinisches Beratungsprogramm für Flüchtlinge eingerichtet. Die OCISO ist spezialisiert darauf, Opfern von Krieg, Folter, Traumata, politischer Verfolgung oder Haft zu helfen. Sie arbeitet mit einer Vielzahl von Methoden, die auf kultursensiblen, anpassungsfähigen therapeutischen Konzepten beruhen. Die Dienste werden in Englisch, Französisch, Spanisch, Arabisch, Farsi, Dari, Nepalesisch, Hindi sowie nötigenfalls anderen Sprachen angeboten. Zudem werden Dolmetscher speziell für die Zusammenarbeit mit Psychologen geschult (*http://ocisocareermentorship.org/about/*).

In **Dänemark** bietet die Nichtregierungsorganisation TPR interkulturelle psychologische Beratung und Behandlung sowie soziale Unterstützung für Flüchtlinge. Die Dienste werden von qualifizierten Fachkräften mit unterschiedlichem ethnischem Hintergrund in verschiedenen Sprachen angeboten. TPR arbeitet eng mit den zuständigen staatlichen Stellen zusammen und wird vom Staat finanziert. TPR ist auch aktiv im Bereich der Suizidprävention engagiert und organisiert interkulturelle Schulungen für Mitarbeiter des staatlichen Gesundheitsdiensts sowie für andere Gruppen, die mit Flüchtlingen arbeiten. Außerdem übernimmt TPR eine Brückenfunktion zu den Angeboten des staatlichen Gesundheitsdiensts, indem es Flüchtlingen die Funktionsweise des dänischen Gesundheitssystems erklärt und sie an Allgemein- und Fachärzte verweist (*http://www.tpr.dk/english/*). In Dänemark gibt es zudem ein nationales Zentrum für die Behandlung schwer traumatisierter Flüchtlinge, das Einzel-, Gruppen- und Familientherapien für Flüchtlinge im Erwachsenen- und Kindesalter anbietet, wobei besonderes Gewicht auf das Wohlbefinden der Familie insgesamt gelegt wird. Die Patienten werden von multidisziplinären Teams mit 4-6 Mitarbeitern behandelt. Die Behandlung kann sich auf alle Lebensaspekte der Flüchtlinge erstrecken und beruht auf einem biopsychosozialen Rehabilitationskonzept. Dabei wird der Tatsache Rechnung getragen, dass die verschiedenen psychologischen, somatischen und sozioökonomischen Probleme, vor denen Flüchtlinge stehen, gleichermaßen wichtig sind und sich gegenseitig verstärken, weshalb sie nicht unter einer einzigen Diagnose oder einem einzigen Krankheitstyp zusammengefasst werden können (*http://umb4.dignityinstitute.dk/rehabilitation.aspx*).

In **Finnland** bietet das Zentrum für Folterüberlebende (CTSF) psychiatrische Betreuung für Flüchtlinge, die Folter erlitten haben. Multidisziplinäre Teams, denen auch Dolmetscher angehören, nutzen verschiedene Behandlungsmethoden, um den Betroffenen bei der Überwindung des Foltertraumas zu helfen. Inhalt und Dauer der Behandlung hängen vom individuellen Bedarf ab. Die Flüchtlinge können den Dienst kostenlos in Anspruch nehmen, die Kosten werden entweder von den Kommunen, in denen die Flüchtlinge leben, oder von der Aufnahmeeinrichtung, die sie an das Zentrum verwiesen hat, getragen. Das Zentrum bietet auch landesweite Beratungsdienste an und organisiert Schulungen für Gesundheitskräfte und Sozialarbeiter, die mit Flüchtlingen und Asylsuchenden zusammenarbeiten, die gefoltert wurden (*https://www.hdl.fi/en/services/torture-and-trauma*).

In **Schweden** werden Asylsuchende im Rahmen der routinemäßigen Gesundheitschecks, die in den Erstversorgungseinrichtungen durchgeführt werden, systematisch auf physische wie auch psychische Gesundheitsprobleme hin untersucht. Psychologen beurteilen den psychischen Gesundheitszustand in Gesprächen mit den Asylsuchenden und versuchen zu erkennen, ob und wenn ja, unter welchen Umständen sie traumatische Erfahrungen erlitten haben, wie sie mit der Erinnerung daran fertig werden und wie sich dies auf ihren aktuellen psychosozialen Zustand auswirkt. Ausgehend von dieser Beurteilung werden Asylsuchende, die weitere Behandlung benötigen, je nach der Angebotssituation in der jeweiligen Region an Psychologen oder Psychiater verwiesen, wobei ihnen nötigenfalls ein Dolmetscher zur Seite steht. Zentren, die Gesundheitsversorgung speziell für Flüchtlinge anbieten, die Kriegsverletzungen oder Folter erlitten haben, gibt es in 13 Kommunen. Die Hälfte davon wird vom schwedischen Roten Kreuz verwaltet, der Rest von den Landkreisen und Regionen. Einige dieser Zentren arbeiten mit „Gesundheitskommunikatoren" zusammen, die neueingereiste Asylsuchende in Aufnahmeeinrichtungen sowie in Schulen, die Sprachkurse anbieten, aufsuchen. Die Gesundheitskommunikatoren informieren über das schwedische Gesundheitssystem, die Symptome von posttraumatischen Stresssyndromen sowie andere Gesundheitsprobleme. Sie haben eine sechsmonatige Schulung in diesem Bereich erhalten, sprechen im Allgemeinen die Sprache der Asylsuchenden, die sie informieren sollen, und stammen in der Regel auch aus denselben Ländern wie sie.

7. Unterstützungsprogramme für unbegleitete Minderjährige entwickeln, die bei ihrer Ankunft nicht mehr im schulpflichtigen Alter sind

HINTERGRUND. In den vergangenen Jahren haben viele OECD-Länder, darunter Deutschland, Italien, Österreich, Schweden und die Vereinigten Staaten, einen beispiellosen Anstieg der Zahl unbegleiteter minderjähriger Zuwanderer verzeichnet. Unbegleitete Minderjährige werden im Allgemeinen als Personen unter 18 Jahre definiert, die ohne Eltern, andere erwachsene Verwandte oder Erziehungsberechtigte einreisen (UNHCR, 1997). Insofern stellen sie eine besonders gefährdete Gruppe dar und benötigen besonderen Schutz. Die Verantwortung für diese Personen obliegt in der Regel der Zentralregierung oder den Kommunalbehörden. Ihre Betreuung ist daher mit höheren Kosten verbunden als die anderer Flüchtlingsgruppen. In der Tat lassen Daten aus Norwegen und Österreich darauf schließen, dass die Ausgaben für unbegleitete Minderjährige drei- bis fünfmal so hoch sind wie die für erwachsene Asylbewerber, insbesondere im Zeitraum vor der Niederlassung.

Eine Reihe von unbegleiteten Minderjährigen durchläuft kein Asylverfahren, da einige Länder ihnen auch dann Schutz gewähren, wenn sie nicht unmittelbar einen Asylantrag stellen[13]. Die Praktiken unterscheiden sich jedoch von einem Land zum anderen.

Unbegleitete Minderjährige sehen sich besonderen Integrationsherausforderungen gegenüber. Die meisten kommen kurz vor oder nach Erreichung des Alters ins Aufnahmeland, ab dem der Schulbesuch nicht mehr obligatorisch ist – zwischen 14 und 17 Jahren –, verfügen jedoch nur über geringe oder überhaupt keine formale Bildung[14]. Viele von ihnen möchten sich nicht weiterbilden, sondern eine – im Allgemeinen geringqualifizierte – Beschäftigung aufnehmen. Auf Grund ihres Mangels an grundlegenden Qualifikationen und der häufig unsicheren, geringqualifizierten Tätigkeiten, die sie ausüben, ist das Risiko bei ihnen besonders hoch, sich letztlich weder in Beschäftigung noch in Bildung oder Ausbildung zu befinden. Ihr großes Interesse daran, so bald wie möglich zu arbeiten, wird oftmals durch die Tatsache verstärkt, dass Inhaber von unsicheren Aufenthaltsgenehmigungen weiter im Aufnahmeland bleiben können, solange sie eine Arbeitsstelle haben. Um die Dinge noch komplizierter zu machen, verlieren unbegleitete Minderjährige in manchen Ländern bestimmte Formen der Integrationsunterstützung, wenn sie volljährig werden und aus der staatlichen Fürsorge entlassen werden.

Unbegleitete Minderjährige benötigen zielgruppenspezifische Bildungs- und Ausbildungsgänge, um die vielfältigen Hindernisse zu überwinden, denen sie sich gegenübersehen. Zu diesem Zweck ist ein erhebliches langfristiges Engagement seitens der Aufnahme- und Integrationssysteme vor Ort erforderlich.

ZIELGRUPPEN. Alle im Ausland geborenen Schülerinnen und Schüler, die sich bei ihrer Ankunft in der späten Adoleszenz befinden, haben Schwierigkeiten beim Übergang von der Schule ins Erwerbsleben. Diese sind bei jungen Menschen aus Ländern, in denen die Kapazitäten und Standards der Bildungssysteme deutlich niedriger sind als die des Aufnahmelandes – was in den Herkunftsländern humanitärer Migranten im Allgemeinen der Fall ist – besonders ausgeprägt. Möglicherweise gibt es dort sogar überhaupt keinen formalen Schulunterricht. Im Wesentlichen bedeutet dies, dass unbegleitete Minderjährige u.U. stark von einem „Nachteil der späten Zuwanderung" betroffen sind. Die Herausforderung des Aufholens im Bildungsbereich, der sie sich stellen müssen, wird durch das Fehlen elterlicher Unterstützung und die Schwierigkeiten erschwert, die mit der Überwindung der durch Krieg und Flucht erlittenen traumatischen Erfahrungen verbunden sind. Daten aus Schweden lassen jedoch darauf schließen, dass sich ihre Beschäftigungsaussichten bei starker Integrationsförderung mit der Zeit rascher verbessern als die minderjähriger Flüchtlinge, die mit ihren Eltern oder Verwandten zusammen einreisen (Çelikaksoy und Wadensjö, 2015a).

UMSETZUNG. Die Aufnahmeländer sollten unbegleiteten Minderjährigen die Möglichkeit bieten, die Landessprache rasch zu erlernen, die für eine dauerhafte Integration notwendigen Kompetenzen zu erwerben und die Folgen der traumatischen Ereignisse zu überwinden, die sie während der Flucht oftmals erlebt haben. Zu diesem Zweck sollten sie in einer sicheren, stabilen Umgebung untergebracht werden, in der eine feste Förderstruktur das Fehlen elterlicher Unterstützung wettmacht und die es ihnen ermöglicht, sich auf die Bildung zu konzentrieren. Viele OECD-Länder verfügen über Strukturen, die speziell für die Unterbringung unbegleiteter Minderjähriger vorgesehen sind. In der Regel handelt es sich hierbei um eigene Aufnahmeeinrichtungen für Kinder oder ausgewiesene Bereiche in allgemeinen Aufnahmeeinrichtungen für Asylbewerber. Eine weitere Möglichkeit ist die Unterbringung unbegleiteter Minderjähriger in Pflegefamilien. Dies ist eine Lösung, die (unter bestimmten Umständen) in Ländern wie Belgien, Deutschland, Estland, Irland, Italien, Kanada, den Niederlanden, Norwegen, Polen, Schweden, Spanien, der Tschechischen Republik, der Türkei, dem Vereinigten Königreich und den Vereinigten Staaten zum Zuge kommt (EMN, 2015).

Auch wenn ein breites Angebot an Unterbringungsmöglichkeiten für unbegleitete Minderjährige in den Aufnahmeländern des OECD-Raums zur Verfügung steht, ist die Stabilität und die Unterstützung, die diese gewähren, oftmals gefährdet, wenn sie volljährig werden, während sie noch auf die Entscheidung über ihren Asylantrag warten. In diesem Fall werden sie von besonderen Pflegeeinrichtungen für Minderjährige in Aufnahmeeinrichtungen für Erwachsene verlegt und verlieren u.U. ihren Platz in den bildungsorientierten Integrationsprogrammen, die normalerweise unbegleiteten

Minderjährigen vorbehalten sind[15]. Darunter könnten ihre psychologische Rehabilitation und ihre schulischen Leistungen leiden.

Auf Grund dessen schieben einige europäische OECD-Länder die Überstellung in Aufnahmeeinrichtungen für Erwachsene auf. Sie betreuen ehemalige unbegleitete Minderjährige, die nunmehr eine Schule bzw. Hochschule besuchen oder eine Beschäftigung ausüben oder die sie als besonders gefährdet betrachten, auch nach Erreichung der Volljährigkeit. Solche Verlängerungen erfolgen in der Regel jedoch nur bis zur Vollendung des 21. Lebensjahrs. Die Behörden der Aufnahmeländer sollten sicherstellen, dass der Zugang zur Bildung nicht effektiv mit Erreichen dieses Alters endet, da die 3-4 Jahre, die seit der Ankunft des unbegleiteten Minderjährigen mit geringer bzw. ohne Schulbildung aus einem Land mit niedrigen Bildungsstandards vergangen sind, möglicherweise nicht ausreichen, um ihnen zumindest die grundlegenden Kompetenzen zu vermitteln, die sie für eine dauerhafte Integration in den Arbeitsmarkt benötigen (vgl. Punkt 8).

Das allgemeine Schulsystem ist möglicherweise jedenfalls keine unmittelbare Option für unbegleitete Minderjährige, die eine sehr begrenzte schulische Vorbildung mitbringen. Gezielte Bildungsgänge hingegen, kombiniert mit flexibler Sprachförderung und Gesellschaftskunde, können ihnen helfen, sich an ihr neues Schulumfeld und seine Anforderungen anzupassen. Im Idealfall werden hierbei auch individuell zuständige Sachbearbeiter eingebunden. Sie begleiten Minderjährige während der gesamten Zeit, die sie in Bildung, Ausbildung oder Praktika verbringen, um ihnen den Übergang ins Erwerbsleben zu erleichtern.

Eines der längsten Integrationsprogramme für unbegleitete Minderjährige ist in den Vereinigten Staaten zu finden, wo das aus Bundesmitteln finanzierte und von den Bundesstaaten verwaltete Programm Unaccompanied Refugee Minors (URM) die Minderjährigen beim Erwerb der Kompetenzen unterstützt, die sie benötigen, um zu sozial und wirtschaftlich eigenverantwortlichen Erwachsenen heranzuwachsen. Im Rahmen des URM-Programms werden ein intensives Fallmanagement durch Sozialarbeiter, Lernförderung, englische Sprachförderung, Berufs- und Bildungsberatung, psychologische Betreuung und Unterstützung bei der sozialen Integration geboten.

Auch in europäischen OECD-Ländern ist eine Reihe vielversprechender Projekte erarbeitet worden, um die besonderen Integrationsherausforderungen zu bewältigen, denen sich unbegleitete Minderjährige stellen müssen. Italien beispielsweise führte 2012 ein besonderes landesweites Pilotprojekt zur Unterstützung unbegleiteter Minderjähriger durch. Im Rahmen dieses Projekts, das durch das Ministerium für Arbeit und Soziales finanziert wurde, wurden für 1 140 unbegleitete Minderjährige, die im Zweijahreszeitraum 2011-2012 die Volljährigkeit erlangt hatten, Pläne für bedarfsgerecht zugeschnittene Maßnahmen mit einer Dauer zwischen sechs und zwölf Monaten aufgestellt. Die Pläne umfassten Maßnahmen, die von Kompetenzentwicklung, Sprachförderung und Berufsberatung bis zu Unterstützung bei der Wohnungs- und Beschäftigungssuche – überwiegend in Form subventionierter Ausbildungsplätze – reichten. Jeder Teilnehmer erhielt Mittel aus einem Stiftungsfonds für die Kompetenzentwicklung in Höhe von bis zu 3 000 Euro, während Vermittlungen in Beschäftigungsverhältnisse mit bis zu 5 000 Euro gefördert wurden.

Die meisten Projekte für unbegleitete Minderjährige werden jedoch häufig im kleinen Maßstab umgesetzt, und die Länder versäumen es oftmals, erfolgreiche Projekte zu identifizieren bzw. auszuweiten. Ein Beispiel für eine erfolgreiche Maßnahme ist die „SchlaU-Schule" in München. Sie wird aus privaten und öffentlichen Mitteln finanziert und ermöglicht unbegleiteten Minderjährigen und jungen erwachsenen Flüchtlingen den Erwerb von Sekundarschulabschlüssen durch gezielt angepassten Unterricht und individuelle Förderung in einem eng verzahnten schulischen Umfeld. Zudem wird eine Nachbetreuung während des Besuchs einer Schule des allgemeinen Systems angeboten (Kasten 6).

Erfolgreiche Konzepte müssen nicht unbedingt ausschließlich auf unbegleitete Minderjährige abzielen. In Kanada beispielsweise hat das Calgary Board of Education eine Website entwickelt, die auf die Verbesserung der Fähigkeit der Lehrkräfte abzielt, geflüchtete Schülerinnen und Schüler mit begrenzter formaler Schulbildung zu unterrichten. Die Website bietet Bildungsmaterialien, Publikationen und positive Beispiele auf diesem Gebiet, mit deren Hilfe die Lehrkräfte gezielte Maßnahmen konzipieren können.

In eine ähnliche Richtung geht auch das Unterrichtshandbuch Welcome to School, das das niederländische Fachzentrum für gesundheitliche Disparitäten (PHAROS) für neu eingetroffene Flüchtlinge konzipiert hat. Es hilft Sekundarschullehrern, auf die (z.B. psychosozialen und gesundheitsbezogenen) Probleme einzugehen, von denen Neuankömmlinge in den Förderklassen möglicherweise betroffen sind. In Schweden handelt es sich bei einem beträchtlichen Anteil der Flüchtlinge aus Syrien um Lehrkräfte. Sie bieten neu eingetroffenen Flüchtlingen im Schulalter Förderklassen auf Arabisch an. Tatsächlich wurde speziell für humanitäre Migranten, die Lehrkräfte sind, ein Schnellbeurteilungsverfahren entwickelt. Die Evaluierung ihrer Kompetenzen und die Anerkennung ihrer Qualifikationen erfolgen dabei unmittelbar am Arbeitsplatz. Im Rahmen dieses Programms nehmen sie zudem an einem sechsmonatigen Vorbereitungslehrgang für Lehrkräfte teil, der an schwedischen Hochschulen auf Arabisch angeboten wird. In der Türkei sind 30 Schulen für syrische Kinder eingerichtet worden. Darüber hinaus können ehrenamtliche syrische Lehrkräfte bestimmte Schulen nutzen, um syrische Kinder außerhalb der normalen Schulzeiten zu unterrichten.

Kasten 6 **Sekundarbildung für die Zielgruppe der unbegleiteten Minderjährigen und jungen erwachsenen Flüchtlinge in München**

In München bietet das Projekt der „SchlaU-Schule“ unbegleiteten Minderjährigen und anderen jungen Flüchtlingen im Alter von 16-25 Jahren die Möglichkeit, Sekundarschulabschlüsse sowie erste Arbeitserfahrung in Form von Praktika zu erwerben. Der Unterricht erfolgt über einen Zeitraum von 2-3 Jahren.

Die SchlaU-Schule wurde im Jahr 2000 gegründet und unterrichtet jährlich rd. 225 Schülerinnen und Schüler, die die Schule mit einem Sekundarschulabschluss verlassen. Sie ist offiziell als Sekundarschuleinrichtung für Flüchtlinge anerkannt und wird von einem eingetragenen Verein getragen; der Haushalt beträgt rd. 3,7 Mio. Euro jährlich und setzt sich aus öffentlichen und privaten Mitteln zusammen. Der Unterricht folgt den allgemeinen Lehrplänen der Grund- und Mittelstufe des Sekundarbereichs. Die Lehrmethoden sind jedoch speziell an die besonderen Bedürfnisse neu eingetroffener unbegleiteter minderjähriger Flüchtlinge angepasst. Das Personal umfasst speziell ausgebildete Lehrkräfte und Sozialarbeiter, die in einem eng verzahnten schulischen Umfeld tätig sind und die Schüler während ihrer gesamten in Bildung verbrachten Zeit individuell betreuen.

Das Projekt umfasst darüber hinaus ein ein- bis zweijähriges Vorschulprogramm, um neu eingetroffene junge Flüchtlinge durch Alphabetisierungskurse und gezielten Deutschunterricht auf die Sekundarschule vorzubereiten. Außerdem werden Schülerinnen und Schüler, die das Kernprogramm abgeschlossen haben und ihren Sekundarschulabschluss erworben haben, beim Übergang von der Schule ins Erwerbsleben weiterhin durch die Lehrkräfte und Sozialarbeiter unterstützt.

Jedes Jahr erwerben rund sechzig Schülerinnen und Schüler ihren Sekundarschulabschluss und beginnen eine Ausbildung im allgemeinen Berufsausbildungssystem oder setzen ihre Schulbildung an einer allgemeinen Einrichtung des Sekundarbereichs II fort.

Quelle: Trägerkreis Junge Flüchtlinge e.V., 2015, *http://www.schlau-schule.de/.*

8. Die Zivilgesellschaft in die Integration humanitärer Zuwanderer einbeziehen

HINTERGRUND. Integration ist keine Einbahnstraße und erfordert Anstrengungen sowohl seitens der Flüchtlinge als auch seitens des Aufnahmelands. Regierungen können zwar den notwendigen politischen Rahmen bereitstellen, bei der Schaffung günstiger Voraussetzungen für die Integration humanitärer Zuwanderer in die Gesellschaft und den Arbeitsmarkt kommt der Zivilgesellschaft jedoch eine entscheidende Rolle zu. Auch bei der Umsetzung humanitärer Integrationsmaßnahmen spielt die Zivilgesellschaft eine wichtige Rolle. Ihre Einbeziehung erleichtert den Aufbau von Beziehungen zwischen Flüchtlingen und der einheimischen Bevölkerung und trägt zum sozialen Zusammenhalt bei. Ohne zivilgesellschaftliche Organisationen, ein offenes Unternehmensumfeld und die konkrete Unterstützung vor Ort sind Integrationsmaßnahmen häufig sogar ineffektiv. Oft kommt die Zivilgesellschaft dann ins Spiel, wenn staatliche Maßnahmen nicht in ausreichendem Umfang oder schnell genug greifen oder ausgeweitet werden können, insbesondere im Fall stark steigender Flüchtlingszahlen. In vielen OECD-Ländern sind Akteure aus der Zivilgesellschaft fester Bestandteil der Integrationssysteme. Im Fall humanitärer Migranten, die über privat finanzierte Programme ins Aufnahmeland kommen, können die als Sponsoren fungierenden Personen oder Organisationen sogar die Zuständigkeit für den gesamten Integrationsprozess übernehmen[16].

ZIELGRUPPEN. Die Zivilgesellschaft setzt sich aus einer Vielzahl von Gruppen und Akteuren mit einem breiten Spektrum an Interessen und Funktionen zusammen. Zu den wichtigsten Beteiligten an der Integration von Flüchtlingen gehören gemeinnützige Einrichtungen, Migrantenverbände, lokale Organisationen und die Sozialpartner (d.h. Wirtschafts- und Gewerkschaftsvertreter). Privatpersonen, darunter auch ehemalige Flüchtlinge, können bei der Integration von Flüchtlingen ebenfalls eine wichtige Rolle spielen.

UMSETZUNG. Je nach ihrer Fachkompetenz und Organisationsform können Akteure der Zivilgesellschaft die Integration humanitärer Zuwanderer auf unterschiedlichste Weise beeinflussen. Zu den wichtigsten Bereichen, in die sie üblicherweise einbezogen werden, zählen *a)* Politikumsetzung durch Erbringung von Dienstleistungen, *b)* Mentorenprogramme, *c)* Schulungen und Kompetenzfeststellungen sowie *d)* Initiativen auf lokaler Ebene.

Nichtregierungsorganisationen und lokale Akteure können bei der Umsetzung staatlicher Politik eine Schlüsselrolle einnehmen. In den Vereinigten Staaten beispielsweise werden Leistungen wie die Aufnahme von Flüchtlingen und ihre Vermittlung in Beschäftigung von Organisationen erbracht, die im Rahmen von Kooperationsvereinbarungen mit dem Außenministerium mit Ehrenamtlichen arbeiten. Auch im Rahmen von Programmen des Office of Refugee Resettlement werden Ehrenamtliche aktiv einbezogen, so beim

Unaccompanied Refugee Minors Program (URM) für unbegleitete minderjährige Flüchtlinge und beim Matching Grant Program, mit dem neu ankommende humanitäre Zuwanderer innerhalb von 120-180 Tagen in die Lage versetzt werden sollen, selbst für ihren Lebensunterhalt zu sorgen. Ziel dabei ist es, statt sie von staatlicher Unterstützung abhängig zu machen, durch Fallmanagement, Sprachförderung, Unterstützung bei der Arbeitsuche und weitere Leistungen ihre ökonomische Autonomie zu fördern[17].

Eine weitere besonders effektive Form der Einbeziehung nichtstaatlicher Akteure sind Mentorenprogramme. Bei angemessener Konzipierung und Begleitung stellen sie eine kostengünstige Möglichkeit der Integrationsförderung dar und verbessern gleichzeitig den Austausch zwischen Zuwanderern und der Bevölkerung des Aufnahmelands (OECD, 2007, 2008). Bei Mentorenprogrammen wird ein Migrant einer Person aus dem Aufnahmeland zugewiesen (z.B. auf der Grundlage von Geschlecht, Alter und Beruf), die als Mentor fungiert. Die Mentoren helfen den Migranten dabei, sich in der Gesellschaft, auf dem Arbeitsmarkt sowie im Institutionsgefüge des Aufnahmelands zurechtzufinden, und unterstützen sie in praktischen Angelegenheiten. Die Mentoren können die Migranten auch an ihren persönlichen Netzwerken teilhaben lassen und als Vermittler zwischen ihnen und potenziellen Arbeitgebern auftreten.

Die Wirksamkeit von Mentorenprogrammen hängt in großem Maße davon ab, ob klare Ziele gesteckt werden, die sich an der Integration in den Arbeitsmarkt orientieren, und ob die Mentoren angemessen geschult und während des Programms betreut werden. Gemeinsame soziale Aktivitäten, bei denen sich alle Mentoren und die von ihnen betreuten Flüchtlinge besser kennenlernen, tragen ebenfalls dazu bei, dass alle Beteiligten dabeibleiben. In einer Reihe von OECD-Ländern, darunter Dänemark, Kanada, Neuseeland und Norwegen, laufen derzeit erfolgreiche Programme.

In Dänemark und Norwegen beispielsweise betreiben das Rote Kreuz und die Dänische Flüchtlingshilfe umfangreiche Mentorenprogramme, bei denen einheimische Familien oder Einzelpersonen als Paten für humanitäre Migranten fungieren und ihnen bei der Integration helfen. Das dänische Zentrum für Geschlechterfragen, Gleichstellung und Ethnizität (KVINFO)[18], das auf ein Netz aus 2 500 Mentoren zurückgreifen kann, konzentriert sich auf Frauen aus Flüchtlings- oder sonstigen Migrantengruppen. In Kanada, wo eine Reihe von Verbänden über langjährige Erfahrung mit der berufsbezogenen Betreuung qualifizierter Arbeitsmigranten durch Ehrenamtliche verfügen, haben einige von ihnen Programme auch für humanitäre Zuwanderer geöffnet. Ein Beispiel dafür ist die Ottawa Community Immigrant Services Organization (OCISO)[19], die qualifizierte Konventionsflüchtlinge bei der Arbeitsuche in ihrem Fachgebiet unterstützt (Kasten 5). Die betreuten Flüchtlinge treffen sich einmal wöchentlich mit ehrenamtlichen Mentoren, die in demselben oder einem verwandten Beruf tätig sind, um über berufliche Ziele zu sprechen, Karrierenetzwerke aufzubauen, Strategien und Methoden zur Arbeitsuche zu verbessern und einen Einblick in die kulturellen und sprachlichen Gepflogenheiten der kanadischen Arbeitswelt zu gewinnen.

Die Mentoren können auch selbst humanitäre Zuwanderer sein. Dies ist beispielsweise der Fall beim Community Guides Programme von Adult Multicultural Education Services (AMES)[20] in Australien. Im Rahmen dieses Programms werden ehemalige Flüchtlinge zu Eingliederungshelfern ausgebildet, die neu ankommende Resettlement-Flüchtlinge in ihrer Muttersprache bei der Integration unterstützen, und bei ihrer Tätigkeit als solche begleitet. Mit der Beschäftigung ehemaliger Flüchtlinge als Mentoren werden zwei Ziele verfolgt: Zum einen werden so Migranten kulturell und sprachlich angemessen betreut und zum anderen eröffnen sich den Mentoren selbst dadurch Arbeitschancen. In Australien wechseln die meisten Eingliederungshelfer nach ihrer Mentorentätigkeit in Beschäftigungsverhältnisse außerhalb von AMES Australia.

Die Sozialpartner sind bei der Integration humanitärer Migranten besonders wichtige Beteiligte. Die Bereitschaft von Arbeitgebern, Flüchtlinge einzustellen und auszubilden, beeinflusst deren Entwicklung zu vollständig unabhängigen Mitgliedern der Gesellschaft des Aufnahmelands maßgeblich. Daher ist es wichtig, die Anreize für Arbeitgeber an dem Ziel auszurichten, das Kompetenzpotenzial humanitärer Migranten auszuschöpfen, und sie in den Integrationsprozess einzubeziehen. Arbeitgeber und Gewerkschaften können häufig besser einschätzen als die Regierung und die kommunalen Behörden, wie nützlich die im Ausland erworbenen Qualifikationen und die Berufserfahrung von Flüchtlingen im Aufnahmeland sind. Außerdem können sie gut beurteilen, welche Inhalte in Überbrückungsmaßnahmen vermittelt werden sollten, und die berufliche und sprachliche Bildung unterstützen, da Kenntnisse am effektivsten direkt am Arbeitsplatz erworben werden (vgl. Punkt 5). Und da sie regelmäßig Kontakt mit zugewanderten Arbeitskräften haben und teilweise selbst Zuwanderer sind, haben Arbeitgeber und Kollegen einen idealen Ausgangspunkt, um die Integration von Migranten im Alltag außerhalb des Arbeitsmarkts zu fördern.

In den OECD-Ländern gibt es viele Beispiele für Projekte von Sozialpartnern. In mehreren österreichischen Bundesländern beispielsweise führt die Handelskammer Sprachunterricht, Kompetenzfeststellungen, Mentorenprogramme und Ausbildungsvermittlung für humanitäre Zuwanderer durch. In Schweden wurden im Rahmen bracheninterner Gespräche zwischen Arbeitgebern und Gewerkschaften Schnellverfahren eingerichtet, über die Flüchtlinge in eine Reihe von Mangelberufen vermittelt werden. Die Schnellverfahren umfassen eine Kompetenzfeststellung am Arbeitsplatz sowie öffentlich finanzierte Weiterqualifizierungen (vgl. Punkt 4). In Kanada werden Unternehmen, die Flüchtlinge erfolgreich dabei unterstützen, eine erste Beschäftigung aufzunehmen und ihren Platz in der Gesellschaft zu finden, mit dem staatlichen Refugee Employment Award ausgezeichnet.

Und schließlich spielen Initiativen auf lokaler Ebene bei der Aufnahme von Flüchtlingen und der Beschleunigung ihrer Integration eine entscheidende Rolle. Ein Beispiel ist das Programm AmeriCorps in den Vereinigten Staaten, das Ehrenamtliche an gemeinnützige, kirchliche oder sonstige lokale Organisationen und öffentliche Einrichtungen vermittelt[21]. Ziele dabei sind, die Unterstützung vor Ort zu fördern, das Dienstleistungsangebot zu erweitern, Kapazitäten aufzubauen und die lokalen Netzwerke von Dienstleistern weiterzuentwickeln. So sind die Ehrenamtlichen bei AmeriCorps Vista als Arbeitsvermittler für Flüchtlinge tätig und kooperieren dabei mit Arbeitgebern vor Ort, die bereit sind, neu ankommende Flüchtlinge mit begrenzten Englischkenntnissen einzustellen. Teilweise leisten sie außerdem Unterstützung bei der Beurteilung im Ausland erworbener Abschlüsse und in berufsbezogenen Förderklassen.

Unlängst haben das Office for Refugee Resettlement und die Corporation for National and Community Service (CNCS) das Programm Refugee AmeriCorps ins Leben gerufen, um die Gemeinden bei der Flüchtlingsintegration zu unterstützen. Im Rahmen des Programms werden ehemalige Flüchtlinge, die bereits eine Weile in den Vereinigten Staaten leben, ehrenamtlich in Resettlement-Agenturen überall im Land eingesetzt, wo sie sich direkt um Neuankömmlinge kümmern. Ziel dabei ist es, die wirtschaftliche Unabhängigkeit der neu ankommenden Resettlement-Flüchtlinge zu verbessern und ihnen Zugang zu Bildung und medizinischer Versorgung zu verschaffen. Die Ehrenamtlichen erhalten dafür ein monatliches Stipendium, anschließende Bildungsprämien, eine Krankenversicherung und weitere Leistungen.

9. Gleichen Zugang zu Integrationsleistungen für humanitäre Zuwanderer im ganzen Land fördern

HINTERGRUND. Es gibt erhebliche Unterschiede ***zwischen*** den Ländern bei der Art und der Qualität der Integrationsmaßnahmen, die Flüchtlingen angeboten werden. Die der OECD angehörenden EU-Mitgliedstaaten haben indessen durch die europäische Qualifikationsrichtlinie einen gewissen Grad an Harmonisierung erreicht. Darin sind Mindeststandards für Sprachunterricht und Integrationsprogramme für Flüchtlinge und subsidiär Schutzberechtigte festgelegt. Allerdings sind auch ***innerhalb*** der Länder beträchtliche Unterschiede festzustellen, da spezifische Integrationsdienste nicht in allen Regionen verfügbar sind. Somit lässt sich festhalten, dass der Ort, an dem Flüchtlinge letztlich angesiedelt werden – wobei sie selten ein Mitspracherecht haben – ihre Integrationsaussichten beeinflusst.

ZIELGRUPPEN. Die Bereitstellung umfassender Integrationsmaßnahmen stellt für kleine Kommunen mit begrenzten Kapazitäten häufig eine Herausforderung dar. Obwohl sie u.U. nur wenige humanitäre Migranten aufnehmen, fällt es ihnen dennoch schwer, das gesamte Spektrum an spezialisierten Dienstleistungen anzubieten, die in großen städtischen Gebieten mit hohem Zuwandereranteil verfügbar sind. Die Unterschiede bei der Qualität und der Verfügbarkeit von Integrationsdiensten sind in dezentralisierten Ländern mitunter stärker ausgeprägt, wo die Art der verfügbaren Integrationsmaßnahmen von den regionalen oder nachgeordneten Verwaltungsebenen vorgegeben wird. Der Vorteil besteht darin, dass dezentralisierte Dienste den Bedürfnissen vor Ort Rechnung tragen. Desgleichen können trotzdem große Disparitäten zwischen den verschiedenen subzentralen Verwaltungseinheiten (selbst bis zur Kommunalebene) bestehen.

UMSETZUNG. Auch wenn sich die einzelnen Länder darum bemühen, die Disparitäten beim Zugang zu Integrationsdiensten und bei deren Qualität in den Regionen zu begrenzen, existieren Maßnahmen, die ihnen dabei behilflich sein können, um die Differenzen auszugleichen:

- Aufbau des notwendigen Fachwissens in den Kommunalbehörden,
- Gewährleistung, dass angemessene finanzielle Unterstützung und die richtigen Anreize vorhanden sind,
- Ressourcenzusammenlegung zwischen den Kommunen,
- gewisse Spezialisierung der Kommunalbehörden, soweit möglich,
- Festsetzung einheitlicher Standards und Beobachtung, inwieweit sie von den Kommunalbehörden erfüllt werden.

Die Integration von Flüchtlingen ist eine Querschnittsaufgabe, an der viele Akteure auf regionaler und lokaler Ebene beteiligt sind. Einige Regionen besitzen weniger Erfahrung bei der Bereitstellung von Integrationsdiensten als andere und können daher vom Erfahrungsaustausch mit den Regionen profitieren, die seit längerem über einschlägige Politikmaßnahmen verfügen. Die einzelnen Länder müssen Mechanismen einrichten, durch die wirksame Integrationsinstrumente identifiziert werden können, und sicherstellen, dass die Kommunalbehörden sich über diese Instrumente austauschen und sie gegebenenfalls systematisch berücksichtigen. Ein wichtiger Weg des Handelns liegt darin, die Evaluierung lokaler Pilotprogramme anzuregen und zu unterstützen, um herauszufinden, ob sie wirksam sind. Das geschieht jedoch selten, da angemessene Evaluierungen häufig kostspielig sind und erfordern, dass andere Kommunalbehörden als Kontrollgruppe agieren und das Pilotprojekt nicht durchführen. Ein alternativer Ansatz wäre ein Benchmarking-System, um den Erfolg von Gemeinden bei der Integration von Flüchtlingen zu begleiten und zu messen. Dieser Ansatz wurde erstmals in Dänemark verfolgt, wo die Wirksamkeit von Integrationsinstrumenten in verschiedenen Kommunen aufmerksam beobachtet wurde, indem die Zeit gemessen wurde, die Neuankömmlinge benötigten, um selbst für ihren Lebensunterhalt zu sorgen und am Arbeitsmarkt oder an Bildung teilzunehmen. Der Mangel an geeigneten Daten hindert jedoch viele Länder daran, ein solches System einzuführen.

Ein anderer wichtiger Aspekt, den es zu berücksichtigen gilt, ist die Finanzierung. Die Einrichtung umfassender gezielter Integrationsprogramme für Flüchtlinge kann kostspielig sein, und es muss daher sichergestellt werden, dass die betreffenden Gemeinden angemessen entschädigt werden. Derzeit leisten die meisten Regierungen im OECD-Raum – bis zu einem gewissen Grad – Entschädigung, die in der Regel in Form einer Einmalzahlung pro Flüchtling erfolgt. Wenn den Kommunen beim Integrationsprozess eine aktive Rolle zukommt, kann die Entschädigung für sie als Anreiz gestaltet sein, um das Ziel einer raschen, dauerhaften Arbeitsmarktintegration zu erreichen. Ergebnisorientierte Vergütungssysteme könnten diesem Zweck dienen, wobei der Zeitpunkt der Zahlungen an die Fortschritte geknüpft sein sollte, die einzelne Flüchtlinge beispielsweise bei der Beschäftigungsfähigkeit und der Beherrschung der Landessprache erzielt haben. Wenn z.B. die Kostenerstattung für Sprachkurse davon abhängig gemacht wird, dass Flüchtlinge einen solchen Kurs erfolgreich absolvieren, erhöht dies den Anreiz für die Kommunen, eine qualitativ hochwertige, ergebnisorientierte Sprachförderung im Einklang mit den Fähigkeiten und Bedürfnissen der Flüchtlinge anzubieten. Die Regierungen können gegebenenfalls auch Anreize für die dauerhafte Integration von Flüchtlingen in den Arbeitsmarkt schaffen – die Anreize könnten in Form finanzieller Belohnungen zur Verfügung gestellt werden, wenn die Flüchtlinge einen festen Arbeitsplatz finden. In Dänemark z.B. erhalten die Kommunen für jeden Flüchtling, der an einem Integrationsprogramm teilnimmt, eine monatliche Grundbeihilfe. Diese Grundleistung wird durch einen Bonus ergänzt, der gezahlt wird, wenn der Flüchtling einen Arbeitsplatz findet, sich in einen Bildungsgang einschreibt oder eine abschließende dänische Sprachprüfung besteht.

Selbst wenn finanzielle Anreize bestehen, können kleine Gemeinden möglicherweise nicht genügend Flüchtlinge aufnehmen, um auf ihre jeweiligen Bedürfnisse zugeschnittene Kurse zu veranstalten. In diesem Fall bestünde eine Option darin, ihre Ressourcen mit anderen nachgeordneten Gebietskörperschaften zusammenzulegen, um gemeinsam ein umfassendes Programm aufzustellen. Dies war in der Vergangenheit in Norwegen der Fall. Alternativ dazu können manche Dienstleistungen auf die regionale Ebene ausgelagert werden, wie es in Schweden üblich ist, wo sich Kleinstädte in derselben Region untereinander aushelfen, um Sprachförderung oder Kurse in Gesellschaftskunde im Rahmen von Einführungsprogrammen anzubieten.

Regionen innerhalb von Aufnahmeländern können selbst von der Kompetenzförderung für Flüchtlinge profitieren, um ihrem eigenen Fachkräftemangel zu begegnen. Ein Beispiel dafür ist Oberösterreich, wo das Arbeitsmarktservice 2008 die „Metalloffensive – Ausbildungszentren" gestartet hat, um dem strukturellen Fachkräftemangel in der Metallindustrie in enger Zusammenarbeit mit den Sozialpartnern entgegenzuwirken. Obwohl diese Maßnahme nicht explizit auf Zuwanderer ausgerichtet ist, waren sie unter den Teilnehmern überrepräsentiert. Sie umfasst mehrere Sprachkurse und verschiedene Ausbildungen im Metallbereich und ermöglichte es 600 Teilnehmern pro Jahr Praxiserfahrung im Maschinenpark zu erwerben oder eine Berufsausbildung erfolgreich abzuschließen.

Letztlich ist es wichtig, dass die Länder Mindeststandards festlegen und die Einhaltung durch die Kommunen begleiten. Ein Beispiel für ein dezentralisiertes Land, das in jüngster Zeit Mindeststandards eingeführt hat, ist die Schweiz, wo der Bundesrat eine verbindliche Vereinbarung mit den Regionen über die strategischen Ziele getroffen hat, die es in acht Bereichen der Integrationspolitik zu erreichen gilt.

10. Der Tatsache Rechnung tragen, dass die Integration von sehr geringqualifizierten humanitären Zuwanderern langfristige Schulungs- und Fördermaßnahmen erfordert

HINTERGRUND. Eine erhebliche Anzahl humanitärer Migranten verfügt bei der Ankunft in OECD-Ländern über geringe oder überhaupt keine Bildung. Ohne beträchtliche langfristige Unterstützung fällt es ihnen schwer, sich dauerhaft zu integrieren. Solche Fördermaßnahmen sind zweifelsohne kostspielig, es kommt jedoch darauf an, dass Migranten zumindest die Kenntnisse und Kompetenzen erwerben, die für die Aussicht auf langfristige Beschäftigungsfähigkeit im Aufnahmeland allgemein als das erforderliche Mindestniveau betrachtet werden. Es ist jedoch offensichtlich, dass nicht alle humanitären Zuwanderer in der Lage sind, das Ziel der Beschäftigungsfähigkeit zu erreichen. Und bei denjenigen, denen es gelingt, kann es mehrere Jahre dauern, bis sie die erforderlichen Kompetenzen erwerben.

Investitionen in Bildung erzielen jedoch keine unmittelbaren Erträge. Sie zahlen sich aber häufig langfristig aus, ebenso wie dies bei Schülerinnen und Schülern der Fall ist. Sie erstrecken sich über mehrere Generationen und kommen den Kindern von humanitären Zuwanderern zugute. Diese Kinder wären sonst mit Integrationshindernissen konfrontiert, die bei Kindern von geringqualifizierten Migranten tendenziell stärker ausgeprägt sind als bei Kindern von Migranten mit höherem Bildungsniveau[22].

ZIELGRUPPEN. Die Aufnahmeländer müssen die Integration von Flüchtlingen aus Ländern, in denen die formale Schulbildung in Bezug auf die Dauer, die Qualität oder beide Aspekte erhebliche Unterschiede aufweist, häufig langfristig fördern. Die Förderung kann bei Flüchtlingen aus Ländern, die von langjährigen Konflikten betroffen sind und in denen häufig noch nicht einmal der Grundschulunterricht gewährleistet ist, noch länger dauern.

UMSETZUNG. Die Integrationsförderung sollte je nach individuellem Bedarf die Lese- und Sprachförderung (Tabelle 7), Erwachsenenbildung (Tabelle 6) und berufliche Bildung (vgl. Punkt 5) umfassen, und die Kursteilnahme sollte mit Berufstätigkeit und Kinderbetreuung vereinbar sein. Einige OECD-Länder bieten Erwachsenenbildung kombiniert mit langfristiger Sprachförderung an, die Programme sind jedoch nur selten zeitlich flexibel. So gibt es beispielsweise nur wenige Abendkurse. Kinderbetreuungsangebote sind noch seltener, und nur wenige Länder beteiligen sich an den Fahrtkosten der Flüchtlinge, die an den Kursen teilnehmen (Tabelle 6).

Norwegen konzentriert seine Integrationsanstrengungen stark auf geringqualifizierte humanitäre Migranten und bemüht sich, ihnen die grundlegenden Kompetenzen zu vermitteln, die sie für eine Teilhabe am gesellschaftlichen Leben benötigen. Die

Kursteilnahme ist deshalb für geringqualifizierte humanitäre Zuwanderer verbindlich. Zu den Kursen gehören Norwegischunterricht und die Vermittlung der gesellschaftlichen und kulturellen Grundlagen des Landes. Das Ziel besteht darin, die Flüchtlinge und ihre Familienangehörigen auf das Erwerbsleben oder eine berufliche Qualifizierung vorzubereiten. Alle humanitären Migranten, die das schulpflichtige Alter überschritten haben und Bildungsbedarf auf dem Niveau der Grundschule oder der Sekundarstufe I haben, haben Anspruch auf individuell angepasste langfristige Programme im Bereich der Erwachsenenbildung in den Fächern, die im Lehrplan für das entsprechende Niveau vorgesehen sind[23].

Flüchtlinge, denen es gelingt, die für die Aufnahme einer Arbeit erforderlichen Kompetenzen zu erwerben, benötigen neben Ausbildungsmaßnahmen Beratung in Bezug auf das Verhalten bei Vorstellungsgesprächen und den Eintritt in den Arbeitsmarkt. In den meisten OECD-Ländern haben humanitäre Migranten mit dauerhaftem Aufenthaltsstatus vollen Zugang zur Arbeitsmarktverwaltung, einschließlich aktiver Unterstützung bei der Arbeitsuche (Tabelle 5b). Und in einigen Ländern werden die Unterstützungsleistungen an die spezifischen Bedürfnisse der Flüchtlinge angepasst.

In Australien beispielsweise, wo der Großteil der humanitären Migranten, die im Rahmen von Resettlement-Programmen ins Land kommen, geringqualifiziert ist, bietet das Programm „Given the Chance" zielgruppenspezifische Unterstützung im Beschäftigungsbereich. Das Programm hilft Flüchtlingen, einen Arbeitsplatz zu finden und zu behalten, indem es Partnerschaften mit Arbeitgebern aufbaut und Schulungen sowie langfristige Unterstützung bietet. In den Vereinigten Staaten finanziert das Office for Refugee Resettlement ein von den Bundesstaaten verwaltetes gezieltes Förderprogramm (Targeted Assistance Program – TAG) für Flüchtlinge. Die Leistungen können bis zu fünf Jahre in Anspruch genommen werden und umfassen neben der Arbeitsmarktverwaltung, Ausbildung und Vorbereitung auch Hilfe bei der Arbeitsuche, der Stellenvermittlung und dem Verbleib am Arbeitsplatz. Das Programm umfasst außerdem auf den Arbeitsplatz zugeschnittene Kinderbetreuung und Fahrtkosten, Übersetzungs- und Dolmetschleistungen sowie Fallmanagement.

Wenn humanitäre Zuwanderer Schwierigkeiten haben, nach der Ausbildung eine Beschäftigung zu finden, ist ein allmählicher betreuter Eintritt in den Arbeitsmarkt häufig der beste Ansatz. Das dänische „Stepmodel" ist ein gutes Beispiel. Das Programm, das integraler Bestandteil der dänischen Arbeitsmarktpolitik ist, ermöglicht Neuankömmlingen und Migranten, die sich schon längere Zeit im Land aufhalten, einen schrittweisen Übergang zu einer regulären Beschäftigung, indem es intensive Sprachförderung und eine Einführung in den Arbeitsplatz bietet und bis zu einem Jahr lang eine Erstbeschäftigung bezuschusst, die mit einer weiteren Sprachförderung und Qualifizierung am Arbeitsplatz verbunden werden kann.

In Schweden gibt es ähnliche Programme. Das Programm „Step-in Jobs" gewährt Arbeitgebern, die Neuzuwanderer einstellen, für einen Zeitraum von bis zu zwei Jahren einen Zuschuss in Höhe von bis zu 80% der Lohnkosten, sofern die Teilnehmer parallel zu ihrer Arbeit einen Sprachkurs absolvieren. Zu den weiteren Initiativen gehört das Programm „New Start Jobs":

- Es gewährt Steuererleichterungen für Arbeitgeber, die Langzeitarbeitslose einstellen.
- Es bietet Zuschüsse für Arbeitgeber, die betriebliche Ausbildungen für Neuzuwanderer anbieten.
- Es finanziert die Berufsausbildung am Arbeitsplatz für geringqualifizierte Neuankömmlinge im Rahmen des Programms „Applied Basic Year".

In der norwegischen Gemeinde Levanger führen die Gemeindeverwaltung, Arbeitgeber und die öffentliche Arbeitsmarktverwaltung (NAV) in Zusammenarbeit mit dem Erwachsenenbildungszentrum ein gemeinsam entwickeltes Pilotprogramm durch. Das auf einem umfassenden sechsstufigen Modell basierende Programm erleichtert geringqualifizierten Flüchtlingen und Müttern mit Migrationshintergrund den Zugang zum Arbeitsmarkt. Um ihnen zu helfen, Arbeit in geringer qualifizierten Berufen im Gesundheitswesen, im Reinigungsgewerbe und in Kindergärten zu finden, wurde gemeinsam mit Fachkräften aus diesen Sektoren ein Lehrplan entwickelt. Die Teilnehmer werden in kleine Gruppen aufgeteilt, die Ausbildungskurse besuchen, bevor sie ein Betriebspraktikum absolvieren. Zunächst werden sie genau beaufsichtigt. Dann erhalten sie in Begleitung eines Mentors mehr Autonomie, die allmählich ihre Beschäftigungsfähigkeit verbessert. Zu dem Programm gehört auch eine speziell entwickelte elektronische Lernplattform, die die Teilnehmer während der Ausbildung nutzen.

Tabelle 6 **Integrationsförderung für geringqualifizierte humanitäre Migranten in OECD-Ländern, 2015**

	Erwachsenenbildung kombiniert mit langfristiger Sprachförderung				
	Ja/Nein	**Obligatorisch**	**Kinderbetreuung**	**Abendkurse**	**Fahrtkostenerstattung**
Australien	Nein	/	/	/	/
Belgien	Ja	Nein	Nein	Ja	Ja (aber nicht überall)
Dänemark	Ja	Nein (mit Ausnahme der Empfänger von Geldleistungen)	Nein	Ja	Ja
Deutschland	Ja	Nein (kann jedoch in einigen Fällen obligatorisch sein)	Ja	Hängt von der Kommune ab	Ja
Estland	Nein	/	/	/	/
Finnland	Ja	Nein, aber falls im Integrationsplan vereinbart, muss der Zuwanderer einen Sprachkurs absolvieren	Nicht innerhalb des Sprachförderungssystems	Ja bei Selbststudium; Nein bei Arbeitsmarktprogrammen	Ja
Frankreich	Nein	/	/	/	/
Griechenland	Ja	Nein	Nein	Ja	Ja
Italien	Ja	Nein	Nein	Nein	Nein
Japan	Nein	/	/	/	/
Kanada	Ja	Nein	Ja	Ja	Ja (Beförderungsleistungen werden bezahlt)
Luxemburg	Ja	Nein	Nein	Ja	Nein
Neuseeland	Ja	Nein (aber empfohlen)	Nein (aber subventionierte Kinderbetreuung und in einigen Fällen Kinderbetreuung vor Ort je nach Bildungsträger)	Hängt vom Bildungsträger ab	Nein (einige Bildungsträger bieten jedoch Unterstützung)
Niederlande	Ja	Ja (für Neuzuwanderer)	Ja	Ja	Nein
Norwegen	Ja	Ja	Nein	Ja	Nein
Österreich	Ja (beides verfügbar, aber nicht kombiniert)	Nein	Nein	Nein	Nein
Polen	Nein	/	/	/	/
Portugal	Ja	Ja	Ja	Ja	Ja
Schweden	Ja	Nein	Nein	Ja	Ja

	Erwachsenenbildung kombiniert mit langfristiger Sprachförderung				
	Ja/Nein	**Obligatorisch**	**Kinderbetreuung**	**Abendkurse**	**Fahrtkostenerstattung**
Schweiz	Ja	Nein (es sei denn, es wurde individuell im Integrations-vertrag vereinbart)	Hängt von der Region und dem individuellen Bedarf ab	Hängt von der Region und dem individuellen Bedarf ab	Hängt von der Region und dem individuellen Bedarf ab
Slowenien	Ja (beides verfügbar, aber nicht kombiniert)	Nein	n.v.	Ja	Teilweise subventioniert
Spanien	Ja	Nein (Nichtteilnahme kann jedoch zum Ausschluss aus dem Integrations-programm und zur Streichung von Leistungen führen)	n.v.	n.v.	Ja
Tschech. Republik	Nein	/	/	/	/
Türkei	Nein	/	/	/	/
Ungarn	Nein (kann aber von NRO angeboten werden)	/	/	/	/
Vereinigtes Königreich	Ja (der Anspruch unterscheidet sich jedoch je nach Region)	Nein	Hängt von der Region ab	Hängt von der Region ab	n.v.
Vereinigte Staaten	Ja (aber nicht systematisch für alle humanitären Migranten)	n.v.	n.v.	n.v.	n.v.

Anmerkung: n.v. = nicht verfügbar; / = nicht anwendbar (weil Erwachsenenbildung kombiniert mit langfristiger Sprachförderung nicht angeboten wird).

Quelle: OECD-Fragebogen zur Integration humanitärer Migranten 2015; OECD-Fragebogen zu Sprachkursen für erwachsene Migranten 2015.

Tabelle 7 **Höchstdauer der Sprachförderung für humanitäre Migranten in OECD-Ländern, 2015**

	Höchstdauer öffentlich finanzierter Sprachförderung	
	Höchstdauer des Leistungsanspruchs	**Höchstzahl an Stunden**
Australien	5 Jahre (obligatorische Einschreibung im Adult Migrant English Program – AMEP) innerhalb von 12 Monaten nach der Ankunft in Australien)	• SPP: bis zu 400 Stunden • AMEP: bis zu 510 Stunden • SLPET: bis zu 200 Stunden Das SPP und das SLPET sind Unterprogramme des AMEP
Belgien	Keine Höchstdauer des Leistungsanspruchs	600 Stunden
Dänemark	5 Jahre (kann verlängert werden, z.B. im Krankheitsfall)	Keine Begrenzung der Stundenzahl
Deutschland	Keine Höchstdauer des Leistungsanspruchs	900 Stunden
Estland	2 Jahre	n.v.
Finnland	Höchstdauer von 5 Jahren (die Schulung muss innerhalb von 3 Jahren nach der Schutzgewährung begonnen werden)	Rd. 2 100 Stunden, einschl. Selbststudium (dazu gehören Sprachunterricht [57%], Gesellschaftskunde [36%] sowie Betreuung und Orientierung [7%])
Frankreich	1 Jahr (ab Unterzeichnung des Aufnahme- und Integrationsvertrags)	400 Stunden
Griechenland	Die gesamte Schutzdauer	1 390 Stunden
Italien	Keine Höchstdauer des Leistungsanspruchs	n.v.
Japan	6 Monate	429 Stunden
Kanada	Keine Höchstdauer des Leistungsanspruchs	Keine Begrenzung der Stundenzahl
Luxemburg	2 Jahre (ab Unterzeichnung des Integrationsvertrags)	3 Kurse (die Gesamtzahl kann je nach Kurs variieren, da es keine offizielle Obergrenze gibt)
Neuseeland	Keine Höchstdauer (mit Ausnahme einiger gezielter ESOL-Kurse): 5 Jahre im Rahmen des Programms Intensive Literacy and Numeracy – English for Speakers of Other Languages (ILN – ESOL) und 3 Jahre bei kostenlosen Programmen für Flüchtlinge auf der Kompetenzstufe 3+ ESOL)	Keine Begrenzung der Stundenzahl
Niederlande	5 Jahre	Keine Begrenzung der Stundenzahl
Norwegen	5 Jahre	3 000 Stunden
Österreich	Keine Höchstdauer des Leistungsanspruchs (mit Ausnahme von Kursen, die vom Österreichischen Integrationsfonds angeboten werden: 3 Jahre ab Schutzgewährung)	n.v.
Polen	12 Monate	Keine Begrenzung der Stundenzahl
Portugal	Keine Höchstdauer des Leistungsanspruchs	Keine Begrenzung der Stundenzahl
Schweden	Keine Höchstdauer des Leistungsanspruchs	Keine Begrenzung der Stundenzahl
Schweiz	Keine Höchstdauer des Leistungsanspruchs	Hängt von der Region ab
Slowenien	3 Jahre	400 Stunden
Spanien	Keine Höchstdauer des Leistungsanspruchs	

	Höchstdauer öffentlich finanzierter Sprachförderung	
	Höchstdauer des Leistungsanspruchs	**Höchstzahl an Stunden**
Tschechische Republik	12 Monate	400 Stunden
Türkei	6 Monate	n.v.
Ungarn	2 Jahre (für Personen mit vorübergehendem Schutzstatus)	520 Stunden (für Personen mit vorübergehendem Schutzstatus)
Vereinigtes Königreich	Die gesamte Schutzdauer	n.v.
Vereinigte Staaten	Keine Höchstdauer des Leistungsanspruchs	n.v.

Anmerkung: n.v. = nicht verfügbar; / = nicht anwendbar (weil Sprachkurse in dem Land nicht angeboten werden).

Quelle: OECD-Fragebogen zu Sprachkursen für erwachsene Migranten 2015.

Anmerkungen

1. Die Begriffe „humanitärer Zuwanderer", „humanitärer Migrant", „Flüchtling" und „besonders schutzbedürftige Person" werden in diesem Leitfaden synonym verwendet.
2. Im Vereinigten Königreich beispielsweise können Personen, denen eine Aufenthaltserlaubnis als Flüchtling oder humanitärer Schutz gewährt wurde, im Rahmen des Familiennachzugs für Flüchtlinge ihre unmittelbaren Familienangehörigen ins Vereinigte Königreich nachholen. Personen, die eine Aufenthaltserlaubnis auf der Grundlage der Bestimmungen zum Familiennachzug erhalten, wird die gleiche Aufenthaltsdauer wie dem Hauptantragsteller und die gleiche Anspruchsberechtigung wie Flüchtlingen, z.B. auf öffentliche Leistungen und uneingeschränkten Zugang zum Arbeitsmarkt, zuerkannt.
3. Frühzeitige Maßnahmen sind auch wichtig, um Flüchtlingskindern bei der Überwindung der Traumata zu helfen, die sie durch Krieg und Flucht erlitten haben. Eine vor kurzem unter syrischen Flüchtlingskindern in Deutschland durchgeführte Untersuchung zeigte, dass die überwiegende Mehrzahl körperliche Gesundheitsprobleme aufwies und über 22% unter psychischen Störungen litten (Soykök, erscheint demnächst).
4. Dies ist auch bei der Frage der Familienzusammenführung zu berücksichtigen, da es darauf schließen lässt, dass eine Verzögerung des Nachzugs von Familienangehörigen im Fall von Familien mit kleinen Kindern negative Auswirkungen auf den Integrationserfolg hat.
5. Ausnahmen gelten für Antragsteller aus Ländern, die keine Reisedokumente oder Personalausweise ausstellen.
6. Im Fall von Flüchtlingen, die über privat finanzierte Aufnahmeprogramme („Private Sponsorship") ins Land kommen, gilt der Verteilungsschlüssel normalerweise nicht, da sie bei ihren Sponsoren untergebracht sind.
7. Das letztgenannte Kriterium hatte in Ländern mit bedeutenden Resettlement-Programmen, wo die Ansiedlungsstrategien hauptsächlich von Schutzbelangen bestimmt wurden, ein besonderes Gewicht. Einige Länder, wie Australien, Kanada und die Vereinigten Staaten, berücksichtigen auch das Potenzial humanitärer Migranten, regionale und ländliche Gebiete zu beleben (AMES und Deloitte Access Economics, 2015).
8. Das Schnellverfahren zur Kompetenzfeststellung wird von der norwegischen Regierung auf der Grundlage von Vorschlägen des Norwegian Directorate of Integration and Diversity (IMDi), der Norwegian Agency for Quality Assurance in Education (NOKUT) und der Norwegian Agency for Lifelong Learning (Vox) entwickelt.
9. Dies würde bedeuten, dass arbeitslosen Flüchtlingen, die das ihnen zugewiesene Gebiet verlassen haben, unter der Voraussetzung Sozialleistungen gewährt werden, dass sie eigens zur Aufnahme einer Beschäftigung fortgezogen sind.
10. Obwohl sich diese Programme in erster Linie an humanitäre Migranten richten, können unter Umständen auch Familiennachzügler und andere Gruppen daran teilnehmen (OECD, 2014).
11. Die ungleichmäßige Verfügbarkeit auf den individuellen Bedarf zugeschnittener Integrationsmaßnahmen ist ein Problem, das vor allem in kleineren Kommunen häufig zu beobachten ist. Entsprechende Lösungsansätze werden unter Punkt 9 erörtert.
12. Eine neuere Studie belegt dies für Deutschland, wo die meisten Asylsuchenden und humanitären Zuwanderer mit vorläufigem Bleiberecht während einer Periode von 15 Monaten nur einen eingeschränkten Anspruch auf medizinische Versorgung haben (Versorgung im Fall akuter Erkrankungen und Schmerzzustände sowie für Schwangere und Wöchnerinnen). (In der Vergangenheit

war dieser Zeitraum noch länger: 36 Monate zwischen 1997 und 2006 und 48 Monate zwischen 2007 und 2014.) Der Studie zufolge waren die langfristigen medizinischen Ausgaben für Asylsuchende und Flüchtlinge mit eingeschränktem Anspruch auf medizinische Versorgung pro Kopf und Jahr höher als für Asylbewerber und Flüchtlinge, die über die gesetzliche Krankenversicherung regulären Zugang zu medizinischen Leistungen hatten. Die Ergebnisse wurden um bedarfsabhängige Ausgabenunterschiede bereinigt (Bozorgmehr und Razum, 2015).

13. Auch Menschenhandel ist verbreitet, und in Länder wie Italien und die Vereinigten Staaten gelangen unbegleitete Kinder oftmals als undokumentierte Arbeitsmigranten (Edmonds und Shrestha, 2013).
14. Zudem liegt eine starke Konzentration in Bezug auf die Herkunftsländer vor. 2015 stammte rund die Hälfte aller in Europa registrierten unbegleiteten Minderjährigen aus einem einzigen Land: Afghanistan.
15. Das Erreichen der Volljährigkeit ist für diejenigen, die keinen Asylantrag gestellt haben oder deren Asylantrag abgelehnt wurde, besonders beunruhigend. In solchen Fällen werden unbegleitete Minderjährige häufig zu irregulären Migranten und können ausgewiesen werden, auch wenn die Abschiebung auf Grund der Fluchtgefahr im Allgemeinen schwer durchzuführen ist. In der Folge bewegen sich ehemalige unbegleitete Minderjährige in einer Grauzone, in der sie Gefahr laufen, sowohl im Bildungssystem als auch auf dem Arbeitsmarkt ins Abseits zu geraten.
16. Ein Beispiel hierfür ist das australische Community Proposal Pilot – ein auf privater Unterstützung basierendes Programm, das derzeit von der australischen Regierung im Rahmen ihres jährlichen Aufnahmekontingents für humanitäre Flüchtlinge erprobt wird. Im Rahmen dieses Programms wird ein neues Ansiedlungskonzept angewendet, bei dem anstelle der Regierung private australische Einrichtungen und Gruppen federführend Menschen aus dem Ausland für humanitäre Resettlements vorschlagen und nach deren Ankunft in Australien ihre Ansiedlung betreuen.
17. Nähere Informationen zu den Programmen des Office of Refugee Resettlement unter *www.acf.hhs.gov/programs/orr.*
18. Nähere Information unter http:*//kvinfo.org/mentor.*
19. Nähere Informationen unter *http://ocisocareermentorship.org/about./*
20. Nähere Informationen unter *www.ames.net.au/settling-in-australia/community-guides-program.html.*
21. Nähere Informationen unter *http://www.nationalservice.gov/programs/americorps.*
22. Integration ist mit erheblichen Vorteilen verbunden – sowohl im Hinblick auf den sozialen Zusammenhalt als auch hinsichtlich der öffentlichen Finanzen. Aus einer früheren OECD-Studie geht beispielsweise hervor, dass eine Anhebung der Beschäftigungsquote von Zuwanderern auf ein den im Inland Geborenen entsprechendes Niveau in Ländern wie Belgien, Frankreich und Schweden jährlich erhebliche fiskalische Mehreinnahmen in Höhe von mindestens ½ Prozentpunkt des BIP bringen würde (Liebig und Mo, 2013).
23. Die Flüchtlinge, die die Grundschule oder die Sekundarstufe I abgeschlossen haben, haben Anspruch auf kostenlose, zielgruppenspezifische Bildungs- und Ausbildungsgänge im Sekundarbereich II, einschließlich einer Beurteilung und Bescheinigung ihres formalen, informellen und nicht formalen Kompetenzniveaus.

Literaturverzeichnis

AMES und Deloitte Access Economics (2015), *Small towns, big returns. Economic and social impact of the Karen resettlement in Nhill,* gemeinsamer Bericht von AMES und Deloitte Access Economics, Sydney.

Andersson, R. (2003), "Settlement Dispersal of Immigrants and Refugees in Europe: Policy and Outcomes", Working Paper Series, No. 03-08, Vancouver Centre of Excellence.

Andersson, R. und D. Solid, (2003), "Dispersal Policies in Sweden", in V. Robinson, R. Anderson und S. Musterd (Hrsg.), *Spreading the Burden? European Policies to Disperse Asylum Seekers,* Policy Press, Bristol, S. 65-102.

Asgary, R. und N. Seger (2011), "Barriers to Health Care Access among Refugee Asylum Seekers", *Journal of Health Care for the Poor and Underserved,* Volume 22, No. 2, S. 506-522, Mai.

Aslund, R. und D.O. Rooth (2007), "Do When and Where Matter? Initial Labor Market Conditions and Immigrant Earnings", *Economic Journal,* Vol. 117, No. 3, S. 422-448

Bevelander, P. und C. Lundh (2007), "Employment integration of refugees: the influence of local factors on refugee job opportunities in Sweden", Discussion Paper, No. 2551, Institute for the Study of Labour, Bonn, *http://papers.ssrn.com/sol3/papers.cfm?abstract_id=958714.*

BMBF (Bundesministerium für Bildung und Forschung) (2006), *Schulerfolg von Jugendlichen mit Migrationshintergrund im internationalen Vergleich,* Bildungsforschung Band 19, BMBF, Berlin.

Bock-Schappelwein, J. und P. Huber (2015), *Auswirkungen einer Erleichterung des Arbeitsmarktzuganges für Asylsuchende in Österreich,* Österreichisches Institut für Wirtschaftsforschung.

Bozorgmehr, K. und O. Razum (2015), "Effect of Restricting Access to Health Care on Health Expenditures among Asylum-Seekers and Refugees: A Quasi-Experimental Study in Germany, 1994-2013", PLoS ONE, Vol. 10, No. 7, e0131483, *http://dx.doi.org/10.1371/journal.pone.0131483.*

Carswell, K., P. Blackburn und C. Barker (2011), "The relationship between trauma, post-migration problems and the psychological well-being of refugees and asylum seekers", Int J Soc Psychiatry, Vol. 57, No. 2, S. 107-109, März.

Cebulla, A., M. Daniel und A. Zurawan (2010), *Spotlight on Refugee Integration: Findings from the Survey of New Refugees in the United Kingdom,* Home Office Research Report 37, Home Office.

Çelikaksoy, A. und E. Wadensjö (2015a), "The Unaccompanied Refugee Minors and the Swedish Labour Market", IZA Discussion Paper, No. 9306, Forschungsinstitut zur Zukunft der Arbeit (IZA), Bonn, August.

Çelikaksoy, A. und E. Wadensjö (2015b), "Unaccompanied Minors and Separated Refugee Children in Sweden: An Outlook on Demography, Education and Employment", *IZA Discussion Paper,* No. 8963, Forschungsinstitut zur Zukunft der Arbeit (IZA), Bonn.

Chiswick, B. und P. Miller (2014), "International Migration and the Economics of Language", IZA Discussion Paper, No. 7880, Forschungsinstitut zur Zukunft der Arbeit (IZA), Bonn.

Damas de Matos, A. und T. Liebig (2014), "The qualifications of immigrants and their value in the labour market: A comparison of Europe and the United States", in OECD und Europäische Union, *Matching Economic Migration with Labour Market Needs,* OECD Publishing, Paris.

Damn, A. P. und Rosholm, M. (2005), *Employment Effects of Spatial Dispersal of Refugees,* Centre for Applied Microeconometrics, Institute of Economics, University of Copenhagen, Kopenhagen.

Edin, P. A., P. Fredrikkson und O. Aslund (2004), "Settlement Policies and the Economic Success of Immigrants", *Journal of Population Economics,* Vol. 17, No. 1, S. 133-155.

Edmonds, E.V. und M. Shrestha (2013), "Independent Child Labour Migrants", in Amelie F. Constant und Klaus F. Zimmermann (Hrsg.) (2013), *International Handbook on the Economics of Migration*, Edward Elgar, Cheltenham, VK, und Northampton, USA.

Elliott , D. und U.A. Segal (2012), *Refugees Worldwide (Volume 3): Mental health*, ABC-CLIO.

EMN (Europäisches Migrationsnetzwerk) (2015), „Policies, practices and data on unaccompanied minors in the EU Member States and Norway", *Synthesis Report for the EMN Focussed Study 2014*, Europäisches Migrationsnetzwerk.

EMN (2014), *The Organisation of Reception Facilities for Asylum Seekers in different Member States*, European Migration Network Study 2014, Europäisches Migrationsnetzwerk.

EMN (2013), "Ad-Hoc Query on allocation of refugees to municipalities for integration purposes", zusammengestellt am 27. Mai 2013, Zugang unter: *http://ec.europa.eu/dgs/home-affairs/what-we-do/networks/european_migration_network/index_en.htm.*

Hadgkiss, E. und A. Renzaho (2014), "The physical health status, service utilisation and barriers to accessing care for asylum seekers residing in the community: a systematic review of the literature", *Australian Health Review*, No. 38, S. 142-159.

Isphording, I. (2013), "Disadvantages of Linguistic Origin: Evidence from Immigrant Literacy Scores", Ruhr Economic Papers, No. 397, Bochum/Dortmund/Duisburg/Essen, Deutschland.

Jonsson, H. (2012), Ny väg in – Rapport irakiska AT-ärenden 2011, Migrationsverket, Arbeitsbericht, Februar.

Kane, C. et al. (2014), "Mental, neurological, and substance use problems among refugees in primary health care: analysis of the Health Information System in 90 refugee camps", BMC Medicine, Vol. 12, No. 228, November.

Khoo, S.E. (2007), "Health and Humanitarian Migrants' Economic Participation", Journal of Immigrant and Minority Health, November.

Klinthäll, M. (2008), "Ethnic Background, Labour Market Attachment and Severe Morbidity: Hospitalization Among Immigrants in Sweden 1990-2001", *Journal of International Migration and Integration*, Vol. 1, No. 9.

Kyle, L. et al. (2004), *Refugees in the labour market: Looking for cost-effective models of assistance*, Ecumenical Migration Centre, Brotherhood of St Laurence, Melbourne.

Liebig, T. und T. Huddleston (2014), "Labour market integration of immigrants and their children: Developing, activating and using skills", in OECD, *International Migration Outlook 2014*, OECD Publishing, Paris.

Liebig, T. und J. Mo (2013), "The Fiscal Impact of Immigration in OECD Countries", in OECD, *International Migration Outlook 2013*, OECD Publishing, Paris.

Lustig, S. et al. (2004), "Review of child and adolescent refugee mental health", *J Am Acad Child Adolesc Psychiatry*, Vol. 43, No. 1, S. 24-36.

McLeod, A. und M. Reeve (2005), "The health status of quota refugees screened by New Zealand's Auckland Public Health Service between 1995 and 2000", *The New Zealand Medical Journal*, Vol. 118, No. 1224.

Moafi, H. (2015), *Norskopplæring og sysselsetting blant innvandrere som fikk opphold i 2009*, Statistics Norway, Oslo-Kongsvinger.

Murray, K., G. Davidson und R. Schweitzer (2010), "Review of refugee mental health interventions following resettlement: best practices and recommendations", *Am J Orthopsychiatry*, Vol. 80, No. 4, S. 576-585.

New Zealand Department of Labour (2008), *Refugee Resettlement. A Literature Review*, Gray Matter Research Ltd.

Nonchev, A. und N. Tagarov (2012), *Integrating refugee and asylum-seeking children in the educational systems of EU Member States*, Center for the Study of Democracy, Sofia.

OECD (2014), *OECD-Beschäftigungsausblick 2014*, OECD Publishing, Paris.

OECD (2014), *Jobs for Immigrants (Vol. 4): Labour Market Integration in Italy*, OECD Publishing, Paris.

OECD (2013), "Hängt die Lesekompetenz der Schülerinnen und Schüler mit Migrationshintergrund davon ab, wie lange sie schon in ihrem neuen Land leben?", *PISA im Fokus, Nr. 29*, OECD Publishing, Paris.

OECD (2012a), *Jobs for Immigrants (Vol. 3): Labour Market Integration in Austria, Norway and Switzerland*, OECD, Paris.

OECD (2012b), *Untapped Skills: Realising the Potential of Immigrant Students*, PISA, OECD Publishing, Paris.

OECD (2008), *Jobs for Immigrants (Vol. 2): Labour Market Integration in Austria, Norway and Switzerland*, OECD, Paris.

OECD (2007), *Jobs for Immigrants (Vol. 1): Labour Market Integration in Australia, Denmark, Germany and Sweden*, OECD Publishing, Paris.

OECD/Europäische Union (2015), *Integration von Zuwanderern: Indikatoren 2015*, OECD Publishing, Paris.

Pfortmueller, C. A. et al. (2012), "Acute Health Problems in African Asylum Seekers and Refugees – Gesundheitsprobleme afrikanischer Asylbewerber und Flüchtlinge: Zehn Jahre Erfahrung aus einem Schweizer Universitäts-Notfallzentrum", *Wiener klinische Wochenzeitschrift*, Vol. 124, Issue 17, S. 647-652.

Quirinco, M. (2012), "Labour Migration Governance in Contemporary Europe: The Case of Sweden", *Fieri Working Papers*, FIERI, Torino.

Refugee Council of Australia (2010), *Economic, Civic and Social Contributions of Refugees and Humanitarian Entrants: a Literature Review*. Commonwealth of Australia.

Regierung Schweden (2008) "Egenmakt mot Utanförskap: regeringens strategi för integration" *(Befähigung gegen Exklusionsausgrenzung: die Integrationsstrategie der Regierung)*, Regeringens skrivelse, Vol. 9, No. 24, *http://goo.gl/1lkdcB.*

Robinson, V., R. Andersson und S. Musterd (2003), *Spreading the "burden"? A Review of policies to disperse asylum seekers and refugees*, Policy Press at the University of Bristol.

Schuster, A., M. Vincenza Desiderio und G. Urso (Hrsg.) (2013), *Recognition of Qualifications and Competences of Migrants*, Internationale Organisation für Migration, Regionalbüro für EU, EWR und NATO-Länder, Brüssel.

Soykök, S. (erscheint demnächst), "The Lost Childhood. Health Status of Syrian refugee children. Theory and empirics", *Inaugural dissertation*, TU München.

Steel, Z. et al. (2009), "Association of torture and other potentially traumatic events with mental health outcomes among populations exposed to mass conflict and displacement: a systematic review and meta-analysis", *The Journal of the American Medical Association*, Vol. 302, No. 5, S. 537-549.

Stewart, E. (2011), "UK Dispersal Policy and Onward Migration: Mapping the Current State of Knowledge", *Journal of Refugee Studies,* Vol. 25, No. 1, Oxford University Press.

UNHCR und Europarat (2014), "Unaccompanied and separated asylum-seeking and refugee children turning eighteen: What to celebrate? UNHCR/Council of Europe field research on European State practice regarding transition to adulthood of unaccompanied and separated asylum-seeking and refugee children", Europarat, Straßburg.

UNHCR (2013), *A new beginning. Refugee Integration in Europe,* UNHCR Bureau for Europe, Brüssel, September.

UNHCR (1997), *Richtlinien über allgemeine Grundsätze und Verfahren zur Behandlung asylsuchender unbegleiteter Minderjähriger,* UNHCR, Genf.

WES (World Education Services) (2012), *Best Practices: Strategies and Processes to Obtain Authentic International Educational Credentials World Education Services* (WES), Kanada.

ORGANISATION FÜR WIRTSCHAFTLICHE ZUSAMMENARBEIT UND ENTWICKLUNG

Die OECD ist ein einzigartiges Forum, in dem Regierungen gemeinsam an der Bewältigung von wirtschaftlichen, sozialen und umweltbezogenen Herausforderungen der Globalisierung arbeiten. Die OECD steht auch ganz vorne bei den Bemühungen um ein besseres Verständnis neuer Entwicklungen und unterstützt Regierungen, Antworten auf diese Entwicklungen und die Anliegen der Regierungen zu finden, beispielsweise in den Bereichen Corporate Governance, Informationswirtschaft oder Bevölkerungsalterung. Die Organisation bietet den Regierungen einen Rahmen, der es ihnen ermöglicht, ihre Erfahrungen mit Politiken auszutauschen, nach Lösungsansätzen für gemeinsame Probleme zu suchen, gute Praktiken aufzuzeigen und auf eine Koordinierung nationaler und internationaler Politiken hinzuarbeiten.

Die OECD-Mitgliedsländer sind: Australien, Belgien, Chile, Dänemark, Deutschland, Estland, Finnland, Frankreich, Griechenland, Irland, Island, Israel, Italien, Japan, Kanada, Korea, Luxemburg, Mexiko, Neuseeland, die Niederlande, Norwegen, Österreich, Polen, Portugal, Schweden, Schweiz, die Slowakische Republik, Slowenien, Spanien, die Tschechische Republik, Türkei, Ungarn, das Vereinigte Königreich und die Vereinigten Staaten. Die Europäische Union beteiligt sich an der Arbeit der OECD.

OECD Publishing sorgt für eine weite Verbreitung der Ergebnisse der statistischen Datenerfassungen und Untersuchungen der Organisation zu wirtschaftlichen, sozialen und umweltpolitischen Themen sowie der von den Mitgliedstaaten vereinbarten Übereinkommen, Leitlinien und Standards.

OECD PUBLISHING, 2, rue André-Pascal, 75775 PARIS CEDEX 16
(81 2016 03 5 P) ISBN 978-92-64-25162-5 – 2016

www.ingramcontent.com/pod-product-compliance
Lightning Source LLC
LaVergne TN
LVHW070218110826
845147LV00003B/601

* 9 7 8 9 2 6 4 2 5 1 6 2 5 *